企→业→日→常→管↓理←系←列←丛←书

供应链管理

常见问题清单

曾贤锋
编著

地震出版社
Seismological Press

图书在版编目（CIP）数据

供应链管理常见问题清单 / 曾贤锋编著 . -- 北京 : 地震出版社 , 2021.10
（企业日常管理系列丛书 / 陈明星主编）
ISBN 978-7-5028-5228-3

Ⅰ . ①供… Ⅱ . ①曾… Ⅲ . ①企业管理－供应链管理 Ⅳ . ① F274

中国版本图书馆 CIP 数据核字 (2021) 第 095740 号

地震版　XM4550/F（6094）

供应链管理常见问题清单

曾贤锋　编著
特约编辑：段会敏　石　秀
责任编辑：范静泊
责任校对：凌　樱

出版发行：地震出版社
北京市海淀区民族大学南路 9 号　　邮编：100081
发行部：68423031　68467991　　传真：88421706
总编室：68462709　68423029
证券图书事业部：68426052
http：//seismologicalpress. com
E-mail：zqbj68426052@ 163. com
经销：全国各地新华书店
印刷：北京柯蓝博泰印务有限公司

版（印）次：2021 年 10 月第 1 版　2021 年 10 月第 1 次印刷
开本：710 × 960　1/16
字数：220 千字
印张：12.5
书号：ISBN 978-7-5028-5228-3
定价：39.80 元

前言

PREFACE

常言道："不想当将军的士兵不是好士兵！"每个人都应该有自己的职业追求，将自己锻炼成为一名出色的职场精英。有了目标，工作起来才有劲头，才会让自己获得长足的发展。

工作就是在解决问题，解决问题的水平体现了一个人工作能力的高与低。如何在日常工作中，通过解决每个实际问题而不断提升自己的工作能力，是每个人晋升和自身发展亟待解决的问题！为此，我们特别编写了"企业日常管理系列丛书"。

该丛书包括：《财务工作常见问题清单》《采购管理常见问题清单》《仓储管理常见问题清单》《新产品运营管理常见问题清单》《供应链管理常见问题清单》《行政工作常见问题清单》《绩效管理常见问题清单》《客户服务常见问题清单》《企业资本运营常见问题清单》《人力资源工作常见问题清单》《商品配送管理常见问题清单》《生产管理常见问题清单》《物流服务常见问题清单》《销售团队管理常见问题清单》《促销管理常见问题清单》《项目运营常见问题清单》《国际贸易管理常见问题清单》《大客户销售常见问题清单》共18本，对日常工作常见问题和容易忽略的细节问题进行了梳理，并在整体上架构了不同职位人士的日常工作模型，让每一项工作一目了然，细节无遗漏，工作不失误。读者可以根据自己所需即查即用，轻松解决工作问题。

本丛书有如下特点。

第一，能帮助读者重新梳理自己的工作问题，让工作脉络更加清晰。

第二，能帮助读者加深对每项工作的理解，书中既有针对工作问题的规范性操作，也有经验性的总结，两者的完美结合会对工作问题的解决起到了事半功倍的作用。

第三，每项工作都设有工作场景描述，读者可以根据工作需要，即查即用，避免了在漫天的文字中间寻找答案，非常实用、方便。

第四，能帮助读者养成总结工作经验的习惯。

第五，引导读者形成“问题导向”的工作意识，从此进入自我提升的快车道。

本丛书认真选取了当下企业中的热点职位及重点部门，从日常工作的实际问题出发，针对每个工作问题进行了思路拓展性解读与分析，给出了经验性的总结阐述，可改善从业者的当前工作局面，为从业者搭建起提升工作能力的可靠阶梯，也为相关专业工作人员全面提升业务水平提供了可借鉴的方法。

供应链是一个由不同任务角色组成的具有集成互动关系的链条。供应链管理的最终目标是企业在不断优化的高效、健康的供应链系统中，以最低的成本完成从采购、生产到将产品送到消费者手中的全链条管理。可以看出，它是不同企业、不同部门的合作联盟，如何让这个联盟高效运转，是供应链管理的核心。而解决这个问题的关键并非提出大而空的口号，而是要在日常管理工作中对细节问题进行精确解决。

本书倡导“清单式管理”，以“供应链管理常见问题”为主题展开，全面梳理供应链管理中的常见问题，引入“问题导向”的思维方法，重新定义每一项供应链管理工作，并采用操作指导与工作经验提示相结合的阐述方式，悉数供应链管理工作中的每个要点。这必将有效改善我们的工作质量，减少工作失误，同时，也会大大提升供应链管理水平。

这是一本介绍供应链管理工作“问题导向”思维方法的书。读者朋友可以对照日常工作中的问题，即查即用。

本丛书在编写过程中，得到了相关从业者及工作伙伴的大力支持和配合，在此一并表示感谢！

目　录

CONTENTS

第 3 章 供应链信息系统开发常见问题

第 6 章　供应链企业变革管理常见问题

第1章

供应链体系规划与构建常见问题

物料从供方开始，沿着各个环节（原材料—在制品—半成品—成品—商品）向需方移动，每个环节都存在需方与供方的不对应关系，从而形成一条首尾相连的长链，称为供应链。

供应链围绕核心企业，通过对信息、资源、资金的控制，覆盖从采购到制成中间产品以及最终产品，直至提供产品服务的全流程。这一过程将供应商，制造商，通过销售网络向客户提供产品的分销商、零售商以及最终客户连接成一个整体。

设计、构建供应链时，应依据市场形势、客户需求和企业发展规划，充分考虑各方利益，建立一个脉络清晰、衔接紧密、沟通流畅、分工合作的完善的供应链作业流程，以确保供应链在实际运行中发挥出最佳效能。

1.1 如何进行供应链分析

工作场景描述

当企业需进行供应链分析时，可查看。

解读与分析

随着市场竞争的加剧以及对效率的追求，组织之间的社会劳动分工日趋细化。面对外来企业的挑战，国内供应链企业要发掘自身的优势服务内容，了解不同的服务形态，对核心价值链做精心的分析，为此，需要做到以下几个方面。

1. 了解第三方物流服务的内容

第三方物流，是指由物资流动的提供方和需求方之外的第三方去完成物流服务的运作方式，第三方就是指向物流交易双方提供部分或全部物流服务的外部服务提供者。第三方物流随着物流业的发展而兴起，是物流专业化分工的产物。一些条件较好的，原来从事与物流服务相关的运输企业、仓储企业、货代企业开始拓展自己的传统业务，进入物流系统，并逐步成长为能够提供部分或全部物流服务的企业。

按照完成的物流业务范围的大小和所承担的物流功能，物流企业分为综合性物流企业和功能性物流企业。功能性物流企业，也叫作单一物流企业，即它仅仅承担和完成某一项或几项物流功能，据此可将其进一步分为运输企业、仓储企业、流通加工企业等。综合性物流企业则能够完成和承担多项甚至所有的物流功能。综合性物流企业一般规模较大，资金雄厚，有着良好的物流服务信誉。物流自理企业就是平常人们所说的物流企业。

2. 了解第四方物流服务的内容

随着信息技术和计算机网络技术的发展，在物流行业中出现了凭借其拥有的物流信息和知识提供物流服务的企业，这就是所谓的第四方物流企业。现在人们所说的第四方物流，是指从事物流服务业务的社会组织，不需要直接具备承担物资物理移动的能力，而是借助于自己所拥有的信息技术和充分的物资供需信息，并加上对于物流运作胜人一筹的理解所开展的物流服务。

这种业务与现有的货运代理业务十分相像，故也可以称之为物流代理业务。

物流代理企业根据其业务范围，分成综合性物流代理企业和功能性物流代理企业。功能性物流代理企业包括运输代理企业（即货代公司）、仓储代理企业（仓代公司）和流通加工代理企业等。

3. 了解管理信息系统在物流供应链中的发展趋势

IT技术作为新经济发展的重要组成部分，是企业提高竞争力的重要手段。谁掌握了IT技术，谁就获得了市场竞争的制高点。掌握IT技术，降低营运成本，提高管理效率，为客户提供尽可能多的增值服务，是供应链企业的当务之急。

以网络、通信、计算机等为载体的新经济，在20世纪末发展出了一批新兴的IT技术手段，如GPS、GIS、WAP、网络平台等。

依据这些技术手段搭建的电子商务平台和各种数据交换，实现了信息化在不同时间、空间上的结合，缩短了企业与客户间的距离，提高了运作效率。管理信息系统在物流供应链中有如下几个发展方向。

（1）车辆跟踪系统，实现适时性的运力资源调度最优化。

（2）仓储配送系统，可满足多地点仓储统一管理，并向多功能方向发展。

（3）运输管理系统，以实现装车、配载、资源调度的最优化。

（4）港口码头信息系统，以满足新兴的综合业务发展趋势。

（5）其他系统，如交通运政管理系统、监理与服务系统、客车卫星跟踪系统、联网订票系统以及货运网络管理系统等。

4. 对物流运作流程和价值链做精心的分析

在供应链管理环境下重新考虑企业的业务流程，会给企业带来竞争力。如果一个企业成为供应链中的一个节点企业，但还沿用传统的业务流程，那么采用供应链管理模式带来的优势有可能会被落后的工作方式所抵消，以至于无法体现出供应链管理的先进性，使企业失去建立新的管理理念的信心。企业要对现有物流运作流程和价值链做精心的分析，找出最需要改进的地方。供应链系统的建立要从投资回报最有潜力的环节切入，没有战略和重点的全面供应链系统化，非但不能够带来服务水平和服务利润的全面提高，还可能在投资和实施方面产生负面影响。面对供应链管理这一新生事物，企业的决策者不仅要深刻理解其本身的实质内涵，而且要研究实施供应链管理的正确运作模式，这样才能把供应链管理的潜在效益发挥出来，企业才能真正获得收益。只有这样，整个供应链才有可能获得较大的竞争力。

5. 转变思想观念

企业要认清当前的形势。随着经济全球化进程的加快，进入中国的外国企业越来越多，企业不出国门就已参与了国际竞争。如何应对外来企业的挑战已是每个企业必须认真面对的现实。企业要进一步认识到，市场经济体制，从某种意义上说，就是市场决定一切，它要求企业的生产经营活动要始终围绕市场进行，企业管理者必须彻底改变那种在计划经济体制下养成的思维方式。对于企业来说，要想提高自身竞争力，应该吸取供应链管理和企业业务流程重构等理论的精华，深化企业内部改革，尽可能不要犯以下观念错误。

（1）企业面对飞速变化的外部世界，不去主动迎战，不积极参与市场竞争，思想观念落后。

（2）企业缺乏活力，机构臃肿，人员冗余，资源浪费严重。

（3）企业忽视科技进步（包括技术和管理两方面）对提高经济效益的作用，习惯于老一套，对新的东西有一种自然的恐惧。许多行之有效的生产技术和管理方法因为其实施要改变某些人的工作习惯，或触动其既得利益而受到抵制，这些人反过来还指责这些新的东西不符合国情和厂情。

6. 系统分析企业现行管理模式

为了有效实施供应链管理和依据BPR进行企业流程重构，企业的首要任务就是分析现行管理模式中存在的问题。BPR的原则之一是“需求牵引”，具体到供应链管理模式上，就是找出当前的管理模式与业务流程中存在的问题，这样才能做到有的放矢。

供应链管理模式与传统管理模式的区别之一，就是前者可以实现主动进入需求方的工作进程，在需求方没有提出订货请求之前，供应方就可以安排自己的生产（销售）活动，而在传统管理模式下，供应方在接受需求方的订货合同之后才安排生产（销售）。

因此，供应链管理采取的是主动进取模式，而传统的管理采取的是被动接收模式。相比之下，前者的市场响应速度要比后者快得多。了解了供应链管理的这一特性，新的业务流程设计就有了出发点。

任何一种业务流程都是为实现一定企业职能设计的。要想设计出满足供应链管理要求的业务流程，企业就必须真正理解供应链管理的实质，只有这样，企业才能从中获得效益。

关键点提示

企业进行供应链分析时，需要注意以下几个方面：

1.了解第三方物流服务的内容；2.了解第四方物流服务的内容；3.了解管理信息系统在物流供应链中的发展趋势；4.对物流运作流程和价值链做精心的分析；5.转变思想观念；6.系统分析企业现行管理模式。

1.2 如何进行供应链系统设计

工作场景描述

当企业需进行供应链系统设计时，可查看。

解读与分析

在供应链系统设计过程中，为保证供应链系统设计和重建能满足贯彻供应链管理思想的要求，企业需要考虑以下原则和方法。

1. 自顶而下和自底而上相结合的设计原则

系统建模时存在两种设计方法，即自顶而下和自底而上的方法。自顶而下的方法是从全局走向局部的方法，自底而上的方法是从局部走向全局的方法；自顶而下是系统分解的过程，而自底而上是一种集成的过程。在设计一个供应链系统时，往往先由企业高层依据市场需求和企业发展规划，作出战略规划与决策，然后由下层部门实施决策，因此供应链系统的设计是自顶而下和自底而上的综合。

2. 简洁性原则

简洁性是供应链系统设计的一个重要原则，为了使供应链系统具有灵活、快速响应市场需求的能力，供应链系统的每个节点都应简洁、具有活力，且能实现业务流程的快速组合。比如，对供应商的选择，就应以少而精的原则，通过和少数供应商建立战略合作伙伴关系，减少采购成本，推动实施JIT采购和生产。对生产系统的设计更应以精细思想为指导，努力实现从精细的制造模式到精细的供应链这一目标。

3. 集优原则（互补性原则）

对供应链系统各个节点企业的选择应遵循强强联合的原则，达到实现资源外包的目的。每个企业就像一个独立的制造单元（独立制造岛）一样，只集中精力致力于优化各自核心的业务过程。这些所谓的单元化企业具有自我组织、自我优化、面向目标、动态运行和充满活力的特点，能够实现供应链业务的快速重组。

4. 协调性原则

供应链系统效能的优劣取决于供应链合作伙伴间的关系是否和谐，因此建立合作企业关系模型是实现供应链系统最佳效能的保证。和谐的系统能充分发挥系统成员和子系统的能动性、创造性及其与环境的总体协调性。只有和谐而协调的系统，才能发挥最佳的效能。

5. 动态性（不确定性）原则

不确定性在供应链系统中随处可见，不确定性的存在导致了需求信息的扭曲。因此，企业要预见各种不确定因素对供应链系统运作的影响，减少信息传递过程中的延迟和失真；避免出现安全库存总是和服务水平的提高相矛盾的情况。增强透明性，减少不必要的中间环节，提高和增强预测的精确度和时效性对减少不确定性的影响是极为重要的。

6. 创新性原则

创新设计是系统设计的重要原则，没有创新性思维，就不可能有创新的管理模式，因此在供应链系统设计过程中，创新性是一个很重要的原则。要想产生一个创新的系统，企业就要敢于打破各种陈旧的思维框框，用新的角度、新的视野审视原有的管理模式和体系，进行大胆的创新设计。企业进行供应链系统创新设计时要注意几点：一是创新必须在企业总体目标和战略的指导下进行，并与战略目标保持一致；二是要从市场需求的角度出发，综合运用企业的能力和优势；三是要发挥企业各类人员的创造性，集思广益，并与其他企业共同协作，发挥供应链整体优势；四是要建立科学的供应链和项目评价体系及组织管理系统，进行技术经济分析和可行性论证。

7. 战略性原则

对供应链建模应持有战略性观点，通过应用战略性观点减少不确定性的影响。而从供应链战略管理的角度考虑，我们认为对供应链建模的战略性原则还应体现在供应链发展的长远规划和预见性上。供应链的系统结构发展应和企业的战略规划保持一致，并在企业战略规划的指导下进行。

8. 信息系统

现代管理是通过信息管理来实现的。应用现代信息技术不仅改变了传统的企业物流管理，实现了物流管理信息化，而且成就了供应链企业。企业通过使用电子商务最新现代技术可实现管理信息化，通过使用条码技术（用扫描方法对信息实现自动控制的技术）、EDT技术（电子数据的交换和自动处理技术）、GIS技术（通过应用地理信息系统获得物流配送最佳模型的技术）、GPS技术（通过全球卫星定位系统实现物流配置国际化的技术）在供应链上建立一个高效的集成系统，以达到服务客户、降低成本的目的。

9. 与环境因素相结合

一个设计精良的供应链系统在实际运行中并不一定能完全按照预想的那样，甚至根本无法达到设想的要求。这是主观设想与实际效果间的差距，原因并不一定是设计或构想得不完美，而是环境因素在起作用。因此，构建和设计一个供应链系统，企业一方面要考虑供应链系统的运行环境（地理、政治、文化、经济等因素），还应考虑未来环境的变化对供应链运行的影响。因此，我们要用发展的、变化的眼光来设计供应链系统，让信息系统的构建和物流通道设计都具有较强的柔性，以提高供应链对环境的适应能力。

10. 以客户服务为中心

供应链管理是一种集成的管理思想和方法，是一种通过社会信息流和反馈的物流信息流，将供应商、制造商、分销商、零售商和用户连接成一个整体的管理模式。企业必须将供应链管理和以客户服务为中心的思想贯穿整个管理和经营过程，注重提高产品流通过程中每个环节的运作效率，建立整体优化的供应链。

在供应链系统设计过程中，企业要做好变革的准备，尤其是服务理念和企业文化的变革，并且在组织创新、流程创新中做好协调工作，培养好相关人才。

关键点提示

进行供应链系统设计时，企业需要考虑以下原则和方法：

1.自顶而下和自底而上相结合的设计原则；2.简洁性原则；3.集优原则（互补性原则）；4.协调性原则；5.动态性（不确定性）原则；6.创新性原则；7.战略性原则；8.信息系统；9.与环境因素相结合；10.以客户服务为中心。

1.3　如何界定供应链企业边界

工作场景描述

当企业需研究与分析供应链的范围时，可查看。

解读与分析

当前供应链企业资源的整合和一体化已不仅仅局限在企业层面上，而是已经转移到了相互联系、分工协作的整个产业链上。这使得供应链环境下的企业明确自身的对外接口显得尤为重要。界定供应链企业的边界时，企业需要做到以下几点。

1. 认识信息技术环境下供应链企业的特征表现

以现代信息技术为核心的供应链企业，其运行方式与传统物流企业有着根本性的区别。这主要表现在以下几个方面。

（1）企业运行的全程化、系统化。随着现代信息技术的发展和广泛应用，企业形成了以供应链管理为核心的，覆盖从材料供应、产品生产到最终提供产品服务全过程的运行方式。在供应链上，每一个企业、每一个环节都不是独立存在的，它们互为供应商和客户。在电子数据交换技术（EDI）、互联网等信息技术的支持下，各种物流信息资源实现共享，促进了各种物流活动之间的相互协调和紧密配合，从而提高了企业对市场变化的快速响应能力，减少了物流周转时间，削弱了企业对库存的依赖。

（2）企业运行的透明化。传统物流活动产生的相关信息分散在不同企业或企业内的不同职能部门，物流管理者最多只能了解到自己管辖范围内的信息，对物流运行过程中存在的瓶颈与存货过多的环节很难把握。因此，这种物流活动无法确保商品种类、数量、时间及地点方面信息的准确性，其质量也难以得到保证。现代供应链管理使企业运行透明化，有助于防止企业运行中出现瓶颈，一旦出现瓶颈，也有助于其解决，减少企业在预测、管理和操作上的失误，从而提高其运行效率。

（3）企业运行的自动化和智能化。日趋成熟的各类信息技术使供应链企业的自动化和智能化得以突飞猛进的发展。

2. 了解信息技术环境下物流产业的组织形式

现代信息技术的发展及其在经济活动中的广泛应用，直接推动了供应链组织的发展和创新，并使物流产业组织呈现出劳动密集度下降，信息密集度不断提升的特征。以信息技术应用为导向的物流产业组织发展大致经历了三个阶段：一是以企业物流信息管理系统为基础的一体化物流组织；二是以电子数据交换技术为基础的专业化物流组织；三是以网络通信技术为基础的物流流程一体化组织。

3. 明确不同类型企业组织创新的重点

供应链企业的组织创新要与企业制度、技术、管理、市场等方面的创新相结合。企业制度（如企业产权、人事和分配等制度）会直接影响企业组织的变革，这在国有企业特别是铁路货运、邮政快递等国有物流企业中表现得更为突出，是影响供应链企业组织创新的主要因素。

对于生产企业，特别是制造型企业，组织创新与企业的生产及管理技术有很大的关系，没有MIS、MRP、JIT、ERP等生产、物流、信息技术的应用，企业就很难建立一体化、扁平化、柔性化、网络化的组织结构。对于流通型企业，特别是第三方物流企业而言，其组织创新必须紧紧围绕市场和客户，不能脱离企业服务、营销方式等方面的变化与创新。

4. 进行科学论证，系统设计企业边界

企业进行科学论证，系统设计企业边界时，要善于利用企业外部人的作用，聘请经济、管理、物流等有关方面的专家进行调查研究和论证是必要的，如海尔进行组织创新时就曾专门聘请了国外SAP公司的著名专家。企业应正确认识分工、职权、统一指挥、管理跨度、部门化等经典组织设计原则的各自优点和局限性，对于贯穿整个生产经营过程甚至跨地区、跨企业的物流活动的组织设计，要更多地强调以人为本和以物流过程为中心的思想，注重实物流和信息流的融合，并按照分析组织存在的问题、设计物流及信息流流程、组织结构设计、试运转、反馈、改进等既定的程序进行。

供应链企业边界的确定不仅受企业规模、企业生命周期、人员素质等内部因素的影响，还受产业特征、竞争状况、环境变动性等外部因素的影响。

在界定供应链企业边界时，企业还需要注意不能简单地模仿或照搬。企业的边界因时、因地、因企业而异，类同的企业边界结构在不同企业中的运行效率可能相差很大，企业在借鉴时要考虑其适用性。

关键点提示

界定供应链企业边界时，企业需要做到：

1.认识信息技术环境下供应链企业的特征表现；2.了解信息技术环境下物流产业的组织形式；3.明确不同类型企业组织创新的重点；4.进行科学论证，系统设计企业边界。

1.4 如何组建合适的供应链形态结构

工作场景描述

当企业需要根据所在行业的特点确定自身的供应链形态结构时，可查看。

解读与分析

在供应链系统中，不同类型的企业如生产商、批发商、零售商对供应链有不同的要求，必须组建不同的供应链形态结构与之相适应。为此，企业需要做到以下几点。

1. 确定企业的运作流程

一般来说，供应链系统的建立有两条途径：一是量身定制地开发；二是导入集成系统。众所周知，供应链系统量身定制开发的前提是对企业运作流程进行科学的分析设计，导入集成系统也往往要求企业改变现有的运作流程。所以，无论走哪条路，企业建立供应链形态结构的前提都是要确定其运作流程。

2. 以客户的需求为依据进行供应链设计

供应链形态结构的投资属于企业的长期战略投资，所以在设计和导入供应链形态结构之前，企业往往会制订发展战略。企业的发展战略由市场形势、客户需求决定，归根结底，企业供应链系统的设计必须以满足客户需求为基本依据，要与客户一起商定企业服务目标，确定企业管理模式以及信息分享的机制。这一点，在第三方物流服务供应商中显得特别重要。没有互动的机制，就没有信息的分享，更不会有高水平的物流服务，当然也不会有第三方物流。

3. 确定企业的管理模式

企业的物流管理模式对企业运作流程设计起决定性的作用。在客户需求确定的情况下，物流运作流程的设计问题实际上已经转化为客户需求服务和企业服务能力的匹配问题。

在实践中，人们往往只注意企业的管理模式，而忽视客户具体的物流服务需求，使得供应链系统的设计失去了最根本的依据，往往不能建立相关信息与客户服务之间直接的知识关系。就此建立的供应链系统，要么过于理想化而不适用，要么是企业现有物流运作管理模式和台账的桌面化。

企业的管理模式究竟该如何选择呢？答案是：建立以满足客户需求为目标的企业竞争战略，或总成本领先，或提供差别化服务，或采用专门化攻略（集中一点）。企业对存货水平的控制、存货的布局和结构配置、不同运输方式的选择等等，是企业为满足客户需求而配置物流服务资源的方法。显然，就同一个企业而言，当它采用分销、直销或分销与直销相结合的营销渠道结构的时候，当它采用不同的物流管理模式的时候，其物流运作的流程以及相应的供应链系统是不一样的。

4. 供应链形态结构设计需有明确的定位

供应链形态结构设计要有明确的市场定位，如行业定位、产品定位或客户定位；要有明确的服务定位，如提供仓储服务、货运服务、货代服务、供应服务、分销服务还是供应链整合服务等。在进行市场定位的时候，企业不仅要考察客户企业，而且要考察客户企业所属行业的发展趋势，要考虑客户的客户及其供应商的供应商。

5. 供应链形态结构需具备开放性和扩张性

所设计的供应链形态结构要具有开放性和扩张性。如要把现在的仓库改造为增值服务中心，则至少要配置仓库管理系统和商务管理系统，以及条码印制系统和无线终端识别系统等。

但设计供应链形态结构时企业一定要以发展战略为依据，同时要考虑有关信息技术的经济寿命，要防止为预留功能接口而购进冗余的设备或造成资金沉淀。

在供应链的形态结构设计中，企业不仅要充分考虑上述问题，还要借鉴同行业其他企业的经验，尽量规避在设计过程中犯错误。

关键点提示

组建不同的供应链形态结构时，企业需要做到：

1.确定企业的运作流程；2.以客户的需求为依据进行供应链设计；3.确定企业的管理模式；4.供应链形态结构设计需有明确的定位；5.供应链形态结构需具备开放性和扩张性。

1.5 如何选择供应链合作关系

工作场景描述

当企业需建立供应链合作关系，构建完整高效的供应链时，可查看。

解读与分析

供应链运行的实质就是企业间的合作，而随着合作的进一步加深，合作形式也从简单收集信息向共同制订决策的方向迈进。而随着企业间合作程度与信息共享程度的加深，所产生的经济价值也将增加，并最终将以非线性的方式快速增加。建立与选择供应链合作关系时，企业需要注意以下几个方面。

1. 选择合作伙伴时需考虑的主要因素

根据相关调查研究，影响合作伙伴选择的主要因素可以归纳为四类：企业业绩、业务结构与生产能力、质量系统、企业环境。

我国企业在评价选择合作伙伴时存在较多问题。企业在选择合作伙伴时，主观的成分过多，有时往往根据对企业的印象来确定合作伙伴，选择时往往还存在一些个人的因素；选择的标准不全面，目前选择标准多集中在企业的产品质量、价格、柔性、交货准时性、提前期和批量等方面，没有形成一个全面的综合评价指标体系，不能对企业做出全面、具体、客观的评价。

2. 采用合适的合作伙伴选择方法

选择合作伙伴的方法较多，一般要根据合作单位的多少、对合作单位的了解程度以及物资需求时间是否紧迫等来确定。目前国内外较常用的方法有如下几种。

（1）直观判断法。直观判断法，是根据征询和调查所得的资料并结合自己的分析判断，对合作伙伴进行分析、评价的一种方法。这种方法主要通过倾听和采纳有经验的采购人员的意见，或者直接由采购人员凭经验做出判断来选择合作伙伴，常用于选择企业非主要原材料的合作伙伴。

（2）招标法。当订购数量大、合作伙伴竞争激烈时，企业可采用招标法来选择适当的合作伙伴。招标法竞争性强，企业能在更广泛的范围内选择适当的合作伙伴，以获得供应条件有利的、价格便宜而适用的物资。但招标法手续较繁杂，时间长，不能适应紧急订购的需要；订购机动性差，有时订购者对投标者了解不够，双方未能充分协商，造成货不对路或不能按时到货。

（3）协商选择法。在供货方较多、难以抉择时，企业也可以采用协商选择的方法，即由企业先选出供应条件较为有利的几个合作伙伴，同它们分别进行协商，再确定适当的合作伙伴。由于供需双方能充分协商，故该方法在物资质量、交货日期和售后服务等方面较有保证。但由于选择范围有限，企业不一定能得到价格最合理、供应条件最有利的供应来源。当采购时间紧迫、投标单位少、竞争程度小、订购物资规格和技术条件复杂时，协商选择法比招标法更为合适。

（4）采购成本比较法。对质量和交货期都能满足要求的合作伙伴，企业需要通过计算采购成本来进行比较分析。采购成本一般包括售价、采购费用、运输费用等各项支出。采购成本比较法旨在通过对各个不同合作伙伴的采购成本进行计算分析，来选择采购成本较低的合作伙伴。

（5）ABC成本法。基于活动成本（Activity Based Costing Approach）分析法，企业通过分析因采购活动而产生的直接和间接成本，选择成本值最低的合作伙伴。

（6）层次分析法。该方法的基本原理是根据具有递阶结构的目标、子目标（准则）、约束条件、部门等来制订评价方案，采用两两比较的方法，确定判断矩阵，然后把与判断矩阵最大特征相对应的特征向量的分量作为相应的系数，最后综合给出各方案的权重（优先程度）。该方法让评价者对照相对重要性函数表，给出因素两两比较时的重要性等级，因而可靠性高、误差小；不足之处是遇到因素众多、规模较大的问题时，该方法容易出现问题，如判断矩阵难以满足一致性要求，往往难以进一步对其进行分组。

3. 合作伙伴综合评价选择的步骤

对合作伙伴的综合评价选择可以归纳为以下几个步骤。

（1）分析市场竞争环境（需求、必要性）。市场需求是企业一切活动的驱动源。要想建立基于信任、合作、开放式交流的供应链长期合作关系，企业就必须首先分析市场竞争环境，其目的在于针对产品市场开发供应链合作关系。这就要求企业必须知道现在的产品需求是什么，产品的类型和特征是什么，以确认用户的需求，确认是否有建立供应链合作关系的必要。如果已建立供应链合作关系，则企业需根据需求的变化确认供应链合作关系变化的必要性，同时分析现有合作伙伴的情况，分析、总结企业存在的问题。

（2）确立合作伙伴选择目标。企业必须确定合作伙伴评价选择程序如何实施、信息流程如何运作、由谁负责，而且必须确立实质性的实际目标，降低成本即主要目标之一。评价选择合作伙伴不仅仅是一个简单的评价选择过程，也是企业自身和企业之间的一次业务流程重构过程，实施得好，则可收获一系列的利益。

（3）制订合作伙伴评价标准。合作伙伴综合评价的指标体系是企业对合作伙伴进行综合评价的依据和标准。企业需要根据系统全面性、简明科学性、稳定可比性、灵活可操作性的原则，建立集成化供应链管理环境下合作伙伴的综合评价指标体系。不同行业、企业、产品需求等环境条件下的合作伙伴综合评价指标体系应是不一样的，但不外乎涉及合作伙伴的业绩、设备管理、人力资源开发、质量控制、成本控制、技术开发、用户满意度、交货协议等可能影响供应链合作关系的主要方面。

（4）成立评价小组。企业必须成立一个小组，以控制和实施合作伙伴综合评价选择。组员以来自采购、质量、生产、工程等与供应链合作关系密切的部门为主，必须有团队合作精神，具有一定的专业技能。评价小组必须同时得到自身企业和合作伙伴企业最高领导层的支持。

（5）合作伙伴参与。一旦企业决定进行合作伙伴评价，评价小组就必须与初步选定的合作伙伴取得联系，以确认其是否愿意与企业建立供应链合作关系，是否有获得更高业绩水平的愿望。企业应尽早让合作伙伴参与到评价的设计过程中来。囿于企业自身的力量和资源，企业只能与少数的、关键的合作伙伴保持紧密合作，所以不能有太多的合作伙伴。

（6）评价合作伙伴。评价合作伙伴的一个主要工作是调查、收集有关合作伙伴的生产运作等方面的信息。在收集合作伙伴信息的基础上，企业就可以利用一定的工具和技术方法对合作伙伴进行评价。

在评价的过程中，如果选择伙伴成功，则企业可根据一定的技术方法选择合作方式，确立供应链合作关系；如果没有合适的合作伙伴可选，则企业要重新定义合作伙伴选择目标，重新开始评价选择。

4. 选择联盟形式

联盟有多种形式，企业需仔细甄别选用。

（1）纵向联盟，即垂直一体化。这种联盟形式是在供应链一体化管理的基础上形成的，即从原材料到产品生产、销售、服务形成一条龙的合作关系。垂直一体化能够按照最终客户的要求为其提供最大价值，同时，能使联盟总利润最大化。但这种联盟一般不太稳固，主要是在整个供应链上，不可能每个环节都能同时达到利益最大化，因此一些企业的积极性会受到打击，使它们有随时退出联盟的可能。

（2）横向联盟，即水平一体化，由处于平行位置的几个物流企业结成联盟，包括TPL。这种联盟能使分散物流获得规模经济效应，实现集约化运作，降低运作成本，并且能够减少社会重复劳动，但也有不足的地方，如必须有大量的商业企业加盟，并有大量的商品存在，才可发挥它的整合作用和集约化的处理优势。此外，这些商品配送方式的集成化和标准化也不是一个可以简单解决的问题。

（3）混合模式的联盟，即既有处于上下游位置的物流企业参与，又有处于平行位置物流企业的加盟。

（4）动态联盟，是处于竞争激烈的市场经济条件下的联盟。为了占据市场的领导地位，供应链应成为一个动态的网络结构，以适应市场变化及对柔性、速度、革新等的需要，不能满足供应链需求的企业将被淘汰，外部优秀的企业将加盟进来，从而使供应链成为一个能快速重构的动态组织，实现供应链的动态联盟。

5. 建立供应链战略合作关系

在适应新的竞争环境的基础上，实现内部资源与外部资源的整合是企业获得较强竞争力的关键，也是企业与业务伙伴形成战略外包关系的根源。建立供应链战略合作关系可以降低供应链总成本，降低供应链上的库存水平，增强信息共享水平，改善相互之间的交流状况，保持战略合作伙伴一致相互合作的惯性，以产生更大的竞争优势，从财务状况、质量、产量、交货、用户满意度以及业绩等方面全面改善供应链节点企业的表现。显然，供应链节点企业间建立战略合作关系是为了保证供应链的整体竞争力。

建立供应链战略合作关系是集成化供应链管理的核心。供应链管理的关键在于供应链节点企业之间的连接和合作，使其在设计、生产、竞争策略等方面进行良好的协调。在一个企业能从供应链战略合作中获益之前，其首先必须认识到这是一个复杂的过程，供应链合作关系的建立不仅要进行企业结构上的变化，而且在观念上必须有相应的改变。所以，企业必须一丝不苟地选择合作伙伴，以确保真正收获供应链合作所产生的利益。建立供应链战略合作关系的步骤如下。

（1）进行建立供应链战略合作关系的需求分析。

（2）确定标准，选择供应商，选择合作伙伴。

（3）正式建立合作关系。

（4）实施和加强战略合作关系。

建立供应链战略合作关系前，企业必须明确战略合作关系对于提高企业竞争能力的重要性，企业必须评估潜在的利益与风险，然后确立选择合作伙伴的标准，初步评估可选的合作伙伴。一旦选定合作伙伴，企业就必须让每一个合作伙伴都认识到相互参与、合作的重要性，真正建立合作关系。最后，企业要实施和加强合作关系，或者解除无益的合作关系。

建立供应链战略合作关系前，企业还必须清楚供应链上的信息透明和合作是管理好供应链的重要保证。提高供应链整体信息透明度，可以加强合作伙伴间的联盟关系，提高对流入流出物资的监控力度，从而可以更好地履行订货承诺，提高整个供应链渠道的管理水平。

关键点提示

建立与选择供应链合作关系时，企业需要注意以下几方面：

1.选择合作伙伴时需考虑的主要因素；2.采用合适的合作伙伴选择方法；3.合作伙伴综合评价选择的步骤；4.选择联盟形式；5.建立供应链战略合作关系。

1.6　如何进行供应链业务流程重构

工作场景描述

当企业需对供应链业务流程进行重构时，可查看。

解读与分析

供应链环境下的企业必须不断地适应环境，并依据企业内外环境的变化调整内外政策，对供应链业务流程做出相应的改变。为此，企业需要做到以下几点。

1. 系统收集供应链基础信息

企业必须识别出与企业供应链环节相关的各种部门或群体，也就是选取那些能够为供应链提供相关资源的部门或群体，然后明确它们所能提供的信息类型，并采取恰当的方式来获取信息。信息必须用数据库进行储存和管理。除此以外，企业还应记录以下辅助信息。

（1）具体来源：从何人、何处获此信息？

（2）日期：这些信息是何时获得的？

（3）结论：从这些信息中可以得出什么结论以及我们是如何得出这些结论的？

2. 分析和评价现行作业流程

分析现行作业流程是为了找出其中存在的问题，以免其在将来的作业流程中再次出现；评价现行作业流程是为了给将来的改进找到一个“比较”的基准。例如，如果目标是缩短生产周期和降低成本，就要测出现行作业流程下生产周期和成本的准确值，将其作为将来评价供应链管理模式实施后在这两个目标上所取得绩效的基准。

3. 评价战略目标达成程度

评价战略目标达成程度，首先需要制订一份战略目标的列表，并由战略目标要求推演出该战略目标所对应的评价参数。如客户服务水平对应的评价参数有：客户得到所订购产品的速度及其得到所订购产品的可靠程度。

依据收集的原始信息对各战略目标的评价参数进行分值评价，例如评价惠普公司在欧洲建立配送中心的战略目标达成程度。配送中心建立后，惠普只需从总部将模块化的核心部件运往该中心，然后在那里根据客户的需要装配成成品。这样一来，对客户订货的反应速度提高了，缺货的可能性降低了，所以“速度”和“可靠程度”的得分均为“3”；同时降低了库存与运输成本，所以“变动成本”得分为“3”；由于在欧洲建立配送中心需要巨大的资本投资，所以其“资本投资”得分为“1”。

4. 制订重构战略蓝图

制订重构战略蓝图需要企业从整体上把握工作流程的重新设计工作。过去企业在进行组织变革的过程中，往往把注意力放在提高某个瓶颈环节的效率上，很少从整体上考虑整个流程是否合理。以BPR（业务流程再造）为指导的企业组织变革设计策略，强调首先在人们头脑中树立起对整体流程进行重新设计的概念。供应链管理理念的核心是将资源配置从一个企业扩展到多个企业，因此，在这种环境下进行工作流程设计不仅要考虑企业内部的部门重组，还要把流程的工作特征扩展到相关企业中去。

这一步的目的是整合企业的各战略目标，并为它们的具体实现制订战略蓝图，也就是确定各战略目标执行的先后顺序以及在多长时间内实现它们。制订战略蓝图时，我们需考虑以下几点：

（1）通过矩阵分析评价各战略目标；

（2）估计实现各目标可能花费的时间；

（3）与各战略目标相关的风险特性；

（4）制订资源计划（人力、财力、物力）。

5. 确定首要的作业流程重构项目

企业中有各种各样的作业流程，结构十分复杂，全面铺开势必分散力量，难以取得成功。企业应该首先选择一些关键性的作业流程作为实施BPR的项目，以关键流程的重构带动一般流程的重构。福特汽车公司北美财会部的工作流程重构就是一个例子。它抓住付款流程的重构，以它带动采购和接收部门的工作流程的变革。实施供应链管理后，企业与合作企业的信息沟通与共享方式发生了变化，原来需要多个人、多个部门处理的业务，现在一个人就能胜任。在部门的选择上，企业可以考虑以销售部门（接受订单）或供应采购部门（发出要货订单）为核心展开BPR。

6. 选择合适的信息技术手段

现行的作业流程大多是在传统管理模式下设计出来的，因而企业在工作流程上并没有与供应链管理及其信息支持体系有多大关系。现在，企业要引入信息技术，首先就要明确定义企业职能部门和作业流程的实体，明确企业在供应链管理模式下运作的要求，再选择计算机系统和管理软件的开发环境。BPR强调在作业流程设计的初始阶段就考虑信息技术的作用，根据信息技术的能力确定新的作业流程。因此，信息技术不仅可提供供应链管理的支持系统，而且影响着新流程的构成。鉴于电子商务平台是21世纪企业的一个理想信息平台，因此企业在对供应链管理流程进行重新设计时要认真考虑这一问题。

7. 设计和建立作业流程的原型系统

企业要在对作业流程进行分析的基础上，用现代计算机辅助软件工具建立原型系统。这里所说的原型系统既包括软件系统，又包括组织系统。软件原型系统是指为支持新作业流程而开发的软件系统，组织原型系统是指为了使新作业流程正常运作而重新组织起来的人员和岗位系统。经过一段时间的运作，企业会发现新流程中存在的问题，会获得对新流程应有的认识，便可以此为基础，建立更好、更完善的作业流程，为实施供应链管理打下基础。

8. 取得合作伙伴的支持和配合

供应链管理下的企业业务流程重构不同于单个企业内部的工作流程重构。企业除了要对其内部流程进行改造外，还必须改造其与合作伙伴合作完成的业务，如与供应商企业的业务联系、与分销商企业的业务联系等。因此，在理想的情况下，供应链业务流程重构应该从整个系统出发，对所有节点企业同步进行重构。由于各个企业的情况千差万别，难免有个先后顺序，所有企业应该着重做好对有接口关系企业的协调工作，首先得到它们的配合，否则供应链的整体协调性就难以保证。

在着手实施变革之前，企业首先要以其业务流程为中心，重组管理部门，再将现代计算机技术作为BPR的技术手段和物质基础。这样，企业就可以使先进的信息技术与先进的管理流程相匹配，最大限度地发挥出企业的竞争力。

关键点提示

对于供应链重构，企业需要做到：

1.系统收集供应链基础信息；2.分析和评价现行作业流程；3.评价战略目标达成程度；4.制订流程重构战略蓝图；5.确定首要的企业流程重构项目；6.选择合适的信息技术手段；7.设计和建立作业流程的原型系统；8.取得合作伙伴的支持和配合。

1.7 如何实现企业业务流程再造

工作场景描述

当企业需对内部的业务流程进行再造，以综合和协调企业各机能时，可查看。

解读与分析

企业的各种经营活动，都可以归结为在一定组织结构体系下跨部门形成的各种业务流程。传统组织结构造就的业务流程，已无法适应当今市场的变化和要求。对业务流程进行再造，从而提高企业经营活动的运作效率，已成为当前很多企业迫切需要解决的问题。企业进行业务流程再造时，需做到以下几点。

1. 遵守企业业务流程再造的原则

BPR思想是一种着眼于长远和全局，突出发展与合作的变革思想，具体归纳起来有如下原则。

（1）组织结构应该以产出为中心，而不应以任务为中心。这条原则是说应该由一个人或一个小组来完成流程中的所有步骤，应围绕目标或产出而不是单个任务来设计人员的工作。

（2）让那些需要得到流程产出的人自己执行流程。过去由于专业化精密分工，企业的各个专业化部门只做一项工作，同时又是其他部门的“客户”。当与流程关系最密切的人自己可以完成流程时，就大大消除了原有各工作组之间的摩擦，从而减少了管理费用，但是这并不意味着要取消所有专业部门的职能，例如对于企业主要设备和原材料，还是需要由采购部门来专门完成采购。具体如何安排，要以全局最优为标准。

（3）将信息处理工作纳入产生这些信息的实际工作中去。过去大部分企业都成立了这样一些部门，它们的工作仅仅是收集和处理其他部门产生的信息。这种安排反映了一种旧思想，即认为低层组织的员工没有能力处理自己产生的信息。如今伴随着IT技术的运用和员工素质的提高，信息处理工作完全可以由低层组织的员工自己完成。

（4）将各地分散的资源聚为一体。集权和分权的矛盾是长期困扰企业的问题。集权的优势在于可生产规模效益，而缺点是缺乏灵活性。分权，即将人、设备、资金等资源分散开来，这样能够满足更大范围内的服务需求，但随之也会产生冗员、官僚主义和丧失规模效益的后果。而采用信息系统把供应链企业各地分散的资源以“信息”的形式存于集中式数据库中，就能解决集权与分权的矛盾。

（5）将并行工作联系起来，而不是仅仅联系它们的产出。实际工作中存在着两种形式的并行：一种是各独立单位从事相同的工作；另一种是各独立单位从事不同的工作，而这些工作最终必须组合到一起。在企业推出新产品的周期中，两种形式的并行往往同时存在。如新产品研发过程中把开发工作分割成一个个任务同时进行，以缩短开发周期，但在组装和测试阶段则采用后一种形式的并行方式。

（6）使决策点位于工作执行的地方，在业务流程中建立控制程序。在大多数企业中，执行者、监控者和决策者是严格分开的。这基于一种传统的假设，即认为一线工人既没有时间也没有意愿去监控流程，同时他们没有足够的知识和眼界去做决策。这种假设构成了整个金字塔式管理结构的基础。而今，信息技术能够捕捉和处理信息，专家系统又拓展了人们的知识，一线工作者便可以自行决策，在流程中建立控制程序，这就为压缩管理层次和实现扁平组织提供了技术支持。一旦员工成为自我管理、自我决策者，金字塔式的组织结构以及伴随着它的效率低下和官僚主义，也都会随之消失。

（7）从信息来源地一次性地获取信息。在信息难以传递的时代，人们往往会重复采集信息，因而不可避免地会造成企业业务延迟、输入错误和产生额外费用。今天，我们采集一条信息之后，只要将它储存在线数据库中，就能与所有需要的人实现共享。

2. 认识企业业务流程再造的意义

BPR以追求顾客满足度最大化为目标，以信息技术为手段，以“订单”为凭据，最终实现信息流、资金流、物流“三流”合一，以此提高企业的竞争力。

BPR是关系企业发展的系统工程，涉及企业管理的方方面面，波及企业所有人员的利益、责任与义务，是企业的一次彻底革命。

（1）就企业股东方面来说，流程再造减少了传统职能管理70%以上的不必要的工作，大大节省了成本，大大提高了交货速度或服务质量，大大提高了获得的利润。

（2）就企业经理人方面来说，流程再造使企业80%以上的日常管理工作流程化，从而使经理人真正能够脱离日常管理，避免日常琐事的烦扰，有充足的时间和精力思考和研究企业的重大发展战略、发展方针、政策以及人才培育和开发等问题。

（3）就企业员工方面来说，业务流程再造一方面使工作所需的信息公开化，明显地减轻员工工作的压力；另一方面，价值决策的前置大大增强了员工工作的挑战性和丰富性，从而增加了员工的工作价值感和精神满足感。

（4）就消费者方面来说，流程再造使企业组织系统更加柔性，能够满足消费者随时改变的服务要求，尤其是流程再造可使企业的价值决策前置，使消费者能直接找到企业里“能够拍板的人”，确保问题解决的速度，从而大大提高了消费者的满意度。

（5）就供应商方面来说，流程再造使企业把供应商的供应纳入自己的业务流程，使企业与供应商间的接口界面化、流程化，从而大大地减少了“断炊”的可能性，提高了供应商的管理水平和管理效率。

3. 了解企业业务流程再造的基本方法

BPR的真正目标并不是流程本身，而是所能形成的核心竞争力，包括企业组织在技术、组织管理、市场响应等方面的能力。这种能力很独特，会使企业比其他企业略胜一筹。企业的核心竞争力能够支撑企业在同质市场上享有特别的优势。业务流程再造有两大类方法：一是系统化改造法，即辨析理解现有流程，系统地改造现有流程；二是全新设计法，即从根本上重新考虑产品或服务的提供方式，零起点设计新流程。

20世纪90年代，采用全新设计法的美国企业业务流程再造失败率高达70%以上。选择何种方法进行企业业务流程再造，应结合企业的实际，其中很关键的一点是业务流程再造是否有利于企业核心竞争力的培育和提升。

只有当企业绩效严重低下或面临危机时，全新的业务流程设计方案才会成为首选。从业务流程再造所付出的成本角度看，全新的业务流程设计需要一次性地支付较大费用，系统化改造则更多的是一种连续性的支付，每次的付出比较少。在采用全新设计法时，企业应注意防范风险。

4. 按价值流构建企业业务流程

价值流是指企业内相互衔接的、能为消费者或最终使用者提供结果的一系列活动。如企业内的“订单履行”价值流，就包括接收订单、完成订单、收款等活动。“价值流”观点所依据的事实是，在每一个企业中都有一连串工作活动将特定结果送给特定类型的消费者或最终使用者，并因此创造一定价值。企业依据价值流重新设计其业务流程的过程如下。

（1）了解企业所有价值流，明确每一价值流对应的消费者或最终使用者，分清每一价值流从哪儿开始，到哪儿结束。经过分类，大多数大企业可以将价值流保持在20个左右。

（2）每一个价值流活动由一个授权小组承担。由于授权小组的工作重点完全集中在价值流消费者的需要上，因此可以尽可能简单、直接地完成工作。每一个价值流都有一个“所有者”和一个“支持者”。“所有者”的工作重点是价值流的日常运行；“支持者”则负责保证价值流与企业整体战略、目标间相互联系、协调，往往由某些职能部门的最高管理者担任。

（3）价值流之间通过“市场链”形成有效衔接。所谓“市场链”，是指把企业内部的上下流程、上下工序和岗位之间的业务关系由原来的行政机制转变成平等的买卖关系、服务关系和契约关系，从而形成的上下工序和岗位之间相互咬合、自行调节运行的业务链。

（4）寻找、确定并重建企业战略价值流。在企业所有价值流中，某一个或几个价值流对企业的竞争力特别重要，这就是企业的战略价值流。企业的战略价值流是其竞争对手无法模仿的。

5. 采用具体方法进行企业业务流程再造

企业再造业务流程时，应该在充分认识原有业务流程的基础上，设定高目标，然后收集信息，集思广益，设计切实可行的新流程，并在适当的时机着手开始实施。再造实施过程中，企业可采取以下具体方法。

（1）将流程或工作按其自然形态进行组装。企业可将完成几道工序的人员组合成小组或团队共同工作，重新构造新流程，通过减少交接手续、共享信息来大幅度提高效率。

（2）废除不创造价值的流程或流程中的环节。丰田汽车公司在对其传统的生产流程进行分析之后发现，居然有约85%的工人在做和产品增值无关的工作：5%的工人怠工；25%的工人因流程设计不科学在等待上一环节完成工作；30%的工人与成品和半成品库存有关，这部分工作并不产生增值；25%的工人工作不规范，甚至在生产次品和不合格品。所以，企业必须要把不创造价值的流程中的环节或流程（如某些管理、检查、协调等流程）清除掉。

（3）简化和自动化。简化即使某些环节的形式、程序、交流方式得到简化，自动化即把某些脏累、危险、令人烦躁的工作以及数据收集、传递、处理和分析工作交由机器协助完成。

（4）改变活动间的逻辑关系。活动间的逻辑关系是流程的核心，从旧的流程到新的流程往往意味着逻辑关系的重新定义。改变活动间的逻辑关系，可以表现为调整活动的先后顺序，从而导致一个高效流程的产生，但更为多见的是将连续和平行式流程改为同步工程（Concurrent Engineering，简称CE）。所谓连续式流程，是指流程中的某一工序只有在前一工序完成的情况下才能进行，即所有工序均按先后顺序进行。平行式流程，则是将流程中的所有工序分开，同时独立地进行，最后将各工序的半成品或部件进行汇总和组装。这两种流程的共同点是运转速度慢，流程周期长。实行同步工程，即让多道工序在互动的情况下同时进行，各工序之间随时可以交流，从而能够大幅度提高流程运行效率，缩短运行周期。CE是BPR实施中的典型方法。

现代企业的运作依赖各种各样的流程。每个工作步骤和工作环节都要有完成标准任务的时间，节约时间的流程可以给消费者带来更多的价值，提高企业的市场响应能力，从而强化企业的核心竞争力。

关键点提示

进行业务流程再造时，企业需要做到：

1.遵守企业业务流程再造的原则；2.认识企业业务流程再造的意义；3.了解企业业务流程再造的基本方法；4.按价值流构建企业业务流程；5.采用具体方法进行企业业务流程再造。

1.8　如何实现企业间业务流程的重组

工作场景描述

当企业需进行企业间业务流程的重组时，可查看。

解读与分析

在供应链的价值链中，制造商、供应商、分销商都愿意相互开放，并且认为相互开放会带来新的机会，希望在供应链中有及早介入的机会。在供应链环境下实现企业间业务流程的组织，需要做好以下几方面的工作。

1. 建立企业间战略合作伙伴关系

供应链企业要想实现预期的战略目标，客观上要求进行企业间的合作，形成共享利润、共担风险的双赢局面。因此，与供应链中的其他成员企业建立紧密的合作伙伴关系，成为供应链成功运作、防范风险的一个非常重要的先决条件。建立长期的战略合作伙伴关系，首先要求供应链的成员间加强信任；其次，成员间要进行信息的交流与共享；最后，要建立正式的合作机制，在供应链成员间实现利益分享和风险共担。

2. 促进企业间业务流程的全面结合

根据流程范围和重组特征，组织间的BPR是指发生在两个及以上企业之间的业务流程重组，如A汽车公司与B轿车配件供应商之间的购销协作关系，就是企业间业务流程全面结合的典型例子。A公司采用共享数据库、EDI等信息技术，将公司的经营活动与B轿车配件供应商的经营活动连接起来，B轿车配件供应商通过A汽车公司的数据库了解其生产进度，拟订自己的生产计划、采购计划和发货计划，同时通过计算机将发货信息传给A公司。A公司的收货员在扫描条形码确认收到货物的同时，通过EDI自动向B轿车配件供应商付款。A公司与B轿车配件供应商的运转像一个公司一样，从而实现了对整个供应链的有效管理，缩短了生产周期、销售周期和订货周期，减少了非生产性成本，简化了工作流程。这类结合方式是目前业务流程重组的最高层次，也是重组的最终目标。

3. 取得高层领导的参与和支持

企业间的组织融合需要高层领导持续参与并给予明确支持。组织融合是一项跨功能的工程，涉及企业模式和人的思维方式的变革，必然会对员工和他们的工作产生较大影响。特别是组织融合常常伴随着权力和利益的转移，有时会引起一些人，尤其是中层领导的抵制，如果没有高层领导的明确支持，工作就将很难开展。

4. 选择适当的流程进行重组

在一般情况下，企业有许多不同业务部门和组织间的业务联系，一次性重组所有业务往往会导致其超出企业的承受能力。所以，企业间进行组织融合时要选择好重组的对象，应该选择那些可能获得阶段性收益或者对实现企业战略目标有重要影响的关键企业间流程作为重组对象，使企业尽早地看到成果，在企业中营造全员乐观、积极参与变革的气氛。

5. 以目标为导向调整关键流程

在传统管理模式下，劳动分工使各部门具有特定的职能，同一时间只能由一个部门完成某项业务的一部分工作。而现代管理模式打破了职能部门间的界限，由一个人或一个工作组来完成业务的所有步骤。在供应链中，上下游企业需要以目标为导向，在关键流程中进行融合，从而为消费者提供更好的服务，以此为发展业务和拓展市场的契机。

6. 建立通畅的交流渠道与信息共享渠道

从企业决定加强合作开始，彼此间就应建立通畅的交流渠道与信息共享渠道。共享竞争信息，能使供应链上的企业及时制订或调整它们的生产策略，以便在市场上占据主动地位。建立通畅的交流渠道不仅体现在两个企业间的交流与信息交换上，还体现在企业管理层与职工之间的交流上，要向职工宣传合作带来的机会，如实说明这种合作对本企业组织机构和工作方式所产生的影响，特别是对他们自身岗位的影响及企业所采取的相应解决措施，尽量取得职工的理解与支持。如果向职工隐瞒可能存在的威胁，则有可能引起企业内部动荡不安，从而使可能的威胁成为现实。

在新的市场环境下，企业不仅要理顺内部管理关系，还要理顺外部管理关系。这就要求企业内外部保持良好的互动，亦即做好内部管理、内部流程，并通过网络与外部环境之间建立起良好的互动。

关键点提示

要想实现企业间业务流程的重组，企业需要：

1.建立企业间战略合作伙伴关系；2.促进企业间业务流程的全面结合；3.取得高层领导的参与和支持；4.选择适当的流程进行重组；5.以目标为导向调整关键流程；6.建立通畅的交流渠道与信息共享渠道。

第2章

供应链信息系统设计常见问题

在供应链的实际运行中，链条上的各个环节、各种作业活动每天都会产生大量的、庞杂的数据信息。这些数据信息事关企业生产经营的方方面面，如果不对这些数据信息进行及时处理，就会导致供应链各节点信息传递、交流、沟通上的障碍，极大地影响企业的生产经营和供应链整体运行的效率。这样，设计和建立一个基于现代信息技术的、高效处理传输数据信息的供应链信息系统显得尤为重要。

2.1　如何进行供应链信息系统设计

工作场景描述

当企业需要设计供应链信息系统时，可查看。

解读与分析

事实表明，成功地使用计算机辅助工具将会极大地加快产品生产的速度。供应链企业要想成功运用信息系统及其支撑技术，首先必须成功地进行供应链信息系统的设计。为此，企业需要做好下述各项工作。

1. 了解信息系统的软硬件

供应链企业的信息系统可以划分为硬件和软件两部分。硬件包括计算机系统、网络系统、数据库系统、管理软件、用户工作站等，软件包括业务方案、流程、组织、信息介质等。

2. 建立信息系统的体系结构

集成的信息管理模式需要建立灵活的业务流程结构，使得业务流程不但贯穿企业的各个管理层面，而且是柔性的，可以随着企业的经营目标反复地进行重组，使企业真正实现动态管理与控制。

为此，企业需要在信息系统的体系结构中确立多视图的管理模式，通过操作平台使整个企业构建多部门、多任务的多视图管理环境，即通过终端、用户系统窗口透视生产线、交易流、物流、资金流。同时，从企业基础管理、信息技术、管理技术三个方面分析它们与信息技术之间的内涵。

（1）基础管理。

基础管理涉及基础数据和管理要素。基础数据包括产品的主零件、物料清单、加工路线、管理因素以及产品技术档案和管理档案的数据等，这些基础数据相对于不断变化的物流、资金流、事务流数据而言是静态的。管理要素包括组织架构、人力资源、职责职位。

（2）信息技术。

信息技术的基础设施包括计算机系统、网络系统、数据库系统、软件产品等。

（3）管理技术。

从企业制造经营管理的整体运作过程出发，管理技术包括经营规划管理、计划管理、制造管理、成本管理和财务管理等五项内容，它们被企业的主营业务流程连接起来。

3. 认知信息管理模式的管理内容

每个企业的业务流程都是从经营规划管理开始，经计划管理、制造管理、成本管理，至财务管理结束。换个角度思考，也就是每个企业的运作都涵盖这五方面的管理工作，并覆盖了一个企业信息管理模式下的管理要素。

（1）经营规划管理层。经营规划管理对应着企业的年度经营规划工作，包括制订新的一年的生产计划、资金规划、销售规划等。

（2）计划管理层。计划管理是根据经营规划平衡产能，依据用户的需求指挥车间按时完成作业计划。

（3）制造管理层。产品的制造过程是生产计划的执行过程，也是物流的实体。它包含了采购、加工、销售活动过程。

（4）成本管理层。物流活动进行的同时就已经与资源发生了联系，也就是说，在开展物流活动的时候就已经消耗了资源。企业需要在物流移动的同时计算系统自动采集、存储、处理的成本数据。

（5）财务管理层。在企业管理中不可避免地要使用账务凭证，采购订单中入库单、发票与应付账款的关系，销售订单中提货单、发票与应收账款的关系，库存产品制造成本与总账之间的关系，都可在信息系统中由财务会计人员采用人机互动方式来生成。

4. 充分认识信息系统设计过程及其存在的问题

在信息系统设计所必经的需求分析、软件设计、软件编程、系统测试等过程中，每个阶段都不可避免地因人为或非人为因素产生一些错漏。这些被带到下一阶段的错漏又往往因未及时处理而造成无穷的后患。为此，企业需要对信息系统开发各个阶段易产生的错误有清醒的认识，通过完善的业务建模避免错误，防止其逐步放大与扩散，影响企业信息化的建设。常见错误在不同阶段的主要表现如下。

（1）在需求分析阶段：用户可能对自己的业务叙述以及对系统软件需求等背景内容的了解不够系统和完善，加之存在信息系统开发理解上的偏差，形成包含了错误需求的“需求分析报告”，这种错误包括误解与遗漏。

（2）在软件设计阶段：对需求的理解存在偏差，加上设计本身考虑不周，导致含有错误的“设计报告”出台。

（3）在软件编程阶段：因为编程员对设计思路、意图、方案、规划等基本思路的理解存在偏差，加上其本身的疏忽大意，程序代码中往往会出现错误。

（4）在系统测试阶段：这一阶段总会有一些错误因为不能被及时发现而“潜伏”下来，甚至有些错误即使被发现，也因为交付期迫近无法修改而只能继续“存在”下去。

5. 建立健全信息系统设计的组织机构

要想保证信息系统设计工作顺利启动，企业首先要建立项目的组织机构即项目组。项目组可以由负责项目管理和开发的不同方面的人员组成，由项目组长或项目经理来领导。一般来说，企业可以根据项目经费的多少和系统的大小来确定相应规模的项目组。项目组可根据工作需要设若干小组，小组的数目和每个小组的任务可以根据项目规模、复杂程度和周期长短来确定，可以设立的小组有过程管理小组、项目支持小组、质量保证小组、系统工程小组、系统开发与测试小组、系统集成与测试小组等。一个好的项目组不一定能保证项目的成功，但一个差的项目组肯定会导致项目失败。因此，在建立项目组时企业要充分利用项目组每个成员的特长，坚持将正确的开发方法贯穿始终。

目前在我国开发、推广信息技术的风险还是很大的，但仍需要大力普及企业信息管理模式构建知识，使企业的信息化建设从盲目走向科学，从抽象走向形象，从理论走向实际，为我国供应链企业的信息化建设铺垫一条成功之路。

关键点提示

进行供应链信息系统设计时，企业需要做到：

1.了解信息系统的软硬件；2.建立信息系统的体系结构；3.认知信息管理模式的管理内容；4.充分认识信息系统设计过程及其存在的问题；5.建立健全信息系统设计的组织机构。

2.2 如何设计供应链信息系统的总体结构

工作场景描述

当企业要设计供应链信息系统的总体结构时，可查看。

解读与分析

进入供应链信息系统设计阶段后，第一步是要设计供应链信息系统的总体结构。依据其功能、目标、特点和服务对象，供应链信息系统可以分为业务信息系统、管理信息系统和决策支持系统。

在分析问题的过程中，为了避免大量的信息数据互相交叉，需要考虑大量相对关系。我们通常将一个复杂的系统分为几个独立的子系统，这样我们就可以独立地考虑这些子系统之间的关系，再独立地考虑每个子系统内各个组成部分之间的关系了。

1. 划分子系统

（1）各子系统之间的关联度要低。

一般来说，子系统就是具有一定功能的系统，和通常说的“模块”概念类似。比如，对于一个监控系统来说，有数据采集子系统，这个子系统具有可执行数据采集任务这个相对完整的功能。

这样一个子系统中产生的错误对其他子系统的影响就很小。因此，关联度低是评判子系统划分好坏的标准。

（2）各子系统之间的数据传输量要小，也就是要尽量降低各子系统之间数据的依赖性，将联系较多的功能或模块列入同一个子系统内，同时需要对各子系统之间数据传输量的大小提出要求，并安排系统设计人员按照要求划分子系统。

（3）数据冗余尽可能地小。数据冗余的大小会直接影响到系统的运行效率。在划分子系统时，要将相关联的功能数据划分到同一个子系统中，否则各子系统之间就会形成大量的数据冗余，不但大量的原始数据需要不断被调用，大量的计算工作需要重复进行，而且各子系统要保存大量中间数据。这样，不但会给系统开发造成困难，还大大降低了系统的运行效率。

因此，企业需要安排系统设计人员计算信息系统的数据冗余度，以判定子系统是否能满足运行效率的要求。如果不能满足要求，则需要责成系统设计人员修改或者重新进行子系统划分。

（4）子系统的划分要考虑到管理决策的需要。随着现代管理思想的不断发展并被逐步应用到企业中去，在划分子系统时不仅要考虑系统对企业一般业务的支持，还要考虑如何更好地支持企业的经营管理和高层决策，帮助企业在激烈的市场竞争中取胜。为此企业需要考查系统设计人员在划分子系统时是否对这一点有足够的关注。

（5）子系统划分要考虑分期实现的需要。企业信息化系统建设是一个浩大长期的工程，如果受到资金、人力的限制，或者企业希望系统能够边建设、边使用、边完善，那么企业就需要考查设计人员对子系统的划分是否考虑到了分阶段、分步骤实现的需要。

（6）子系统划分要考虑组织变革的需要。为了适应管理思想的变革和市场竞争的需要，企业可能会需要不断改变自己的组织结构。因此，企业需要考查子系统的划分是否考虑到了组织结构不稳定的特点，否则将来一旦组织结构发生变化，信息系统很可能就不适应组织结构的要求了。

（7）子系统划分要有利于充分利用企业各类资源。企业的高层管理人员需要确保企业在尽量低的成本状态下运行，因此在建设信息系统时，需要充分利用企业已有的各类资源。要考查系统设计人员划分的子系统是否达到了这个要求，比如，要考查是否考虑了企业已存在的各类设备资源在系统开发中的搭配使用，是否考虑到了企业信息资源如何分布和使用，以使信息系统减少对外部资源的依赖。

2. 网络设计

网络设计是供应链信息系统总体设计的第二步。对于一般的企业来说，其所面临的问题往往不是如何设计和开发一种新型网络产品，而是要根据企业自身资金、需求等具体情况去考虑如何配置和选用适用于本企业的网络产品。开发新型网络产品，资金、技术投入大，风险高，但目前已有许多适用于普通企业的成熟网络产品，出于成本和风险的考虑，企业要做的就是如何选择网络产品。

企业选择网络产品的工作可以从以下几方面展开。

（1）选择网络结构。选择网络结构是企业进行网络设计时的首要工作，需要根据企业的实际情况来选择，比如企业的需求、企业的资金状况、企业的地理分布等。企业选择网络结构时需从实际出发，不可贪大求全。

（2）安排网络与设备分布。根据系统划分的结构，给出布置网络和系统设备的大体方针，以指导网络设计人员开展工作。要考虑哪些地方需要什么样的设备，采用哪些网络产品以及这些网络产品如何将企业的信息设备连接起来，还要考虑哪些设备需要联网等。这些问题敲定以后，就可以批准预算去采购这些设备了。

（3）联网和布线。选择好网络结构，安排好网络与设备分布之后，接下来的工作就是根据系统分析的成果以及企业各部门分布的地理空间特点来安排工作人员进行网络布线了。

（4）企业网络设计的最后一项工作是根据企业业务要求，确定网络各节点的级别、权限，选择适当的网络软件以及确定网络的管理方式等。

一般来说，中小型企业用局域网就可以完全覆盖各网络节点，然后通过网关与外部网络联系起来。子公司分布于各地的大型企业，各子公司可以先分别用局域网在内部相连，再通过互联网连接起来。

3. 设备和网络配置

先前所述的子系统划分和网络设计如果能够满足企业的要求，就应该考虑将它们变为现实了。企业需要完成以下工作。

（1）选配设备。所选设备包括微型计算机、服务器、外部设备、网络设备等。选配设备时可以参考系统开发人员的建议，他们很清楚信息系统需要什么样的设备，但是领导者必须能够判断开发人员选择的设备是否确实是企业所需要的，并且在企业信息化项目的预算范围之内。为企业信息系统选配设备要从企业管理业务需求的角度出发，而且要考虑技术的可行性和设备的可靠性，不能一味地追求高性能、高存储容量，或者为了追求时尚而购买最新设备，一切应本着能用、够用并具有一定拓展空间的原则。企业可以参考系统分析阶段得到的数据，来决定哪些设备对企业而言是必需的，哪些设备会造成资源的浪费。

（2）选择网络。在网络设计阶段，企业已经选择了网络结构，策划了网络和设备的分布，制订了联网和布线方案，接下来的工作就是选择具体的网络产品、协议、传输介质以及带宽和网络传输的范围了。此外，企业还需要考虑一些其他指标，比如网络的访问规则、通信方式等。这些指标跟网络结构和网络协议是有密切联系的。同时，还要根据所选择的网络结构和协议来选择网络配件，这些配件包括接口、网桥、网关、中继器、路由器、集线器等。

完成这些工作需要召集系统开发人员共同商讨，看看他们对选择网络有哪些想法和建议。让专门的人员将大家的建议收集起来，制成一个清单，并经过大家讨论来确定最终的选择。

在确定选择何种网络之后，就要为系统选择软件和硬件了。

（3）软硬件选择。当前，由于计算机以及与之相关的技术飞速发展，产品更新换代速度非常快。软硬件产品鱼龙混杂，要想选择适用于本企业信息系统的设备并不是一件容易的事情。一旦选择了不合格产品或者不适用于本企业信息系统的软硬件，不但会造成浪费，还可能对企业的生产经营活动产生不良影响。选择经验丰富的开发人员负责这项工作可以降低风险。

在设备和网络配置工作中，上面讲到的设备选配、网络选择、软硬件选择等都是必须要考虑的问题。

4. 计算机处理流程设计

计算机处理流程设计是信息系统总体设计的最后一步工作，同时也是相当重要的一步工作。划分子系统之后，我们仅仅明确了各子系统的功能特征以及各子系统的模块之间的调用关系，并没有表达各功能模块和各子系统之间的数据传递关系。我们必须将数据和业务在系统内的处理过程表达出来，这样才能为编写程序提供方便。表达这种处理过程的方法就是计算机处理流程设计，一般通过计算机处理流程图来表示。计算机处理流程图能够非常直观和有效地反映数据和业务在系统内的大体处理流程。为了保证处理流程图的通用性，我们需要向系统分析和设计人员提出绘制处理流程图的统一标准。

只要全部开发人员使用统一标准来绘制处理流程图，就能保证所有人员都可以阅读和使用系统设计的成果，这一点非常重要。计算机处理流程图不是固定不变的，它只是开发人员对计算机内部处理过程的大致想法的表述，随着系统设计的深入，应该允许他们对流程图不断做出调整。

划分子系统、网络设计、设备和网络配置以及计算机处理流程设计是信息系统总体结构设计的四个不可或缺的部分。信息系统总体结构设计为供应链信息系统的实现描绘了蓝图，企业完成这四项工作之后，就可以开始进行系统具体物理模型的设计了。

关键点提示

供应链信息系统总体结构设计共有四部分工作：

1.划分子系统；2.网络设计；3.设备和网络配置；4.计算机处理流程设计。

2.3 如何进行供应链信息系统代码设计

工作场景描述

当企业要进行供应链信息系统代码设计时，可查看。

解读与分析

代码就是表示客观世界实体或属性的数字或符号。人和计算机都可以理解代码，好的代码设计不但易于计算机识别和处理，还便于人们对信息进行分类、校对和检索等。设计代码是为了对信息进行编码，以方便计算机处理。

1. 判别代码好坏的标准

代码设计的每一点小改动，都会引起程序的变动，甚至文件的重新建立。因此，代码设计是一项非常重要的工作，要进行全面考虑，以保证信息系统所使用的代码具有优良的特性。人们在设计代码的实践中总结了一些规律，用来考查代码的优劣，标准如下。

（1）唯一性。每一个代码只能代表唯一的实体或属性。

（2）标准性。代码设计要符合一定的标准，如国家标准、行业标准和规范等。

（3）通用性。一个系统内部的同种代码要通用。

（4）可扩展性。系统可能随着企业业务的发展不断发生变化，为适应这种变化，代码应具有可扩展性，以便随着实体或属性的变化，直接对代码进行扩充，而不用另外设计代码体系。

（5）简洁性。代码要尽量做到简洁明了。代码太长不但难以识别，还会降低系统的处理速度。

（6）合理性。所谓合理性，指的是代码的设计要符合科学分类的思想，能通过代码反映出实体或属性的分类，能反映编码对象的特征。

（7）规律性。代码设计要遵循一定的规律，这样便于用户识别和记忆。

开发人员设计的代码必须符合上面这些标准，否则领导者有权责成他们对代码进行修改或者重新设计。

2. 代码的选择

现在有很多种代码，比较常用的有顺序码、组别码、区间码、助记码、编写码等。信息系统的推行者应为开发人员提出一些针对代码选择问题的指导性建议。下表列出了各种代码的优点和缺点。

各种代码优缺点一览表

类别	顺序码	组别码	区间码	助记码	编写码
优点	简单、易用	节省数位	分类基准明确，便于记忆和使用，利于计算机分类、排序和检索	便于联想记忆	符合使用习惯，简单直观
缺点	无直观意义，不能反映编码对象的特征	不利于计算机识别	代码数位一般会比较多	长度不固定，容易造成重码	使用范围有限

哪种代码都不是万能的，每种代码都有自己的优势和不足，在进行代码设计时，要跟经验丰富的开发人员商讨，他们可以帮助信息化项目团队选择优良的代码。

3. 代码的校验

在信息系统中，代码是客观世界实体或属性的唯一代表，因此代码是不允许出错的。对输入系统的代码进行校验是非常必要的。代码校验通常有两种方法，一种是在系统内建立一个“代码字典”，另一种是在代码后面增加校验码。代码校验由开发人员完成，但是领导者要认识到代码校验的重要性。

代码是人与计算机的共同语言，一个好的代码设计方案对于供应链信息系统的开发工作是非常有利的。代码设计的目标就是要设计一套供应链信息系统各部分所公用的、员工易用的、优化的代码体系。领导者需要采取措施保证此目标的实现。

关键点提示

进行供应链信息系统代码设计时需注意：

1.判别代码好坏的标准；2.代码的选择；3.代码的校验。

2.4　如何配合设计人员进行供应链信息系统的输入、输出设计

工作场景描述

当要进行企业供应链信息系统的输入、输出设计时，可查看。

解读与分析

输入、输出设计在供应链信息系统开发中是容易被忽视的环节，实际上这部分工作对信息系统的成功运行起着至关重要的作用。好的输入设计不但能保证输入数据的正确性，还能为用户提供简洁、方便、经济的输入方法；好的输出设计可以为管理者提供准确、及时、有效的管理信息和控制信息。因此，企业要配合信息系统开发人员进行输入、输出设计工作。

1. 输入设计

输入设计要达到的目标是：①保证输入数据正确和满足用户的需求；②做到输入简便、直观、经济。为了达到这个目标，企业需要做好以下几方面的工作。

（1）输入内容设计。输入设计的第一步是确定向系统中输入什么数据，也就是确定输入的数据名称、数据类型、数据精度、数值范围等。输入设计由系统开发人员完成，但是需要企业配合。企业需要将现有数据资源进行整理并提供给系统开发人员，还要配合系统分析人员获取对输入内容的实际需求。

（2）选择输入方式。输入方式直接关系到用户输入数据是否方便和工作量大小。在系统总体结构设计和数据库设计具体要求的基础上，企业在输入方式上有一定的选择性。目前比较可行的数据输入方式有键盘输入、模拟 / 数字转换输入、网络传输输入、磁盘传送输入等。这些输入方式有自己的特点，在选择新系统的输入方式时，一方面，要考虑到充分利用企业已有的设备资源，另一方面，要确保输入简便、快捷，输入方式易于被用户接受。为了减轻输入工作量，企业应该尽量少采用键盘输入这种人工输入的方式。

（3）输入格式设计。在设计输入格式时，需要尽量保证便于操作和填写，避免二次输入，以免引起数据的不一致。企业应该事先将企业的统计报表、文件等交付设计人员，供他们参考，以求所设计的数据库文件结构与企业原有数据结构尽量吻合，方便数据输入。

（4）数据校验。数据是企业的财富，要力求准确，尤其是那些对企业很重要的数据，如财务数据等，不能出一点差错。所以，在数据输入之后，企业应组织人员进行数据校验。在数据量非常大的情况下，企业往往需要投入较多的人力。

目前常用的数据校验方式有三种，可根据企业实际情况以及所校验的数据类型合理选择。

①人工校验。这种方式不适合大量数据的校验。

②二次输入校验，即同一数据输入两次，由系统来判断两次输入的数据是否一致。如一致，则表示输入数据没有错误；如不一致，应检查两次输入的数据。

③平衡校验。这种方法用于检查所输入的数据是否符合数据项的平衡关系。这种方法在校验企业的财务报表时经常被使用。

2. 输出设计

输出设计不需要企业做很多工作，主要工作是配合系统分析人员完成输出设计的需求分析，即每类用户需要系统给出哪些输出结果。不同类型的用户对输出结果的要求是不一样的；对于事务性的管理岗位人员，通常以报表的形式为其输出详细的记录；对于高层管理者和企业的决策者，则要提供直观的图形信息，以帮助他们进行决策。企业要认识到不同岗位的人员对输出的要求是不一样的。

输入、输出设计应该是企业比较关心的两个环节，因为输入、输出设计的好坏直接影响到用户对信息系统的使用。在输入、输出设计阶段，企业主要做一些配合性的工作，以保证系统设计人员设计出最符合要求的输入、输出成果。

关键点提示

供应链信息系统输入设计的内容有：

1.输入内容设计；2.选择输入方式；3.输入格式设计；4.数据校验。

2.5　如何编写供应链信息系统设计报告

工作场景描述

当企业要编写供应链信息系统设计报告时，可查看。

解读与分析

前面所做的关于供应链信息系统设计的各种工作，最后要以供应链信息系统设计报告的形式表达出来。供应链信息系统设计报告是供应链信息系统设计阶段的最终成果，它提出的供应链信息系统的物理模型，是供应链信息系统实施的基础。供应链信息系统设计报告主要由以下几部分构成。

1. 前言

前言是对系统相关方面的内容所作的一些概括性说明。

（1）摘要，主要内容包括项目名称、系统需要具有的功能、系统目标等。

（2）系统建设背景，主要内容包括系统开发方的情况，比如开发经验、技术水平等，系统投资方、使用方的情况，比如经营状况。

（3）系统开发和运行环境，比如企业的软硬件资源、系统的运行环境、开发工具和资料、所用网络协议等。

（4）术语说明。

（5）参考资料。

2. 系统总体结构设计

系统总体结构设计是为将要实施的系统设计一个蓝图，需要把以下内容描述清楚。

（1）划分子系统，要列出划分子系统的方案，并说明为什么要采取这种方案。

（2）网络设计，说明系统需要的网络类型、协议等。

（3）设备和网络配置。选择供应链信息系统需要的软硬件，并把它们配置起来。

（4）计算机处理流程设计。将计算机处理流程图作为系统总体结构设计的一部分，附于系统设计报告之后。

3. 系统详细设计方案

系统详细设计方案主要有以下内容。

（1）信息系统代码设计，包括代码设计的原则、所选用的系统代码、选择的依据、代码校验的方法等。

（2）系统输入、输出设计，包括输入内容设计、输入方式选择及依据、输入格式设计、数据校验的方法、输出格式设计等。

（3）数据库设计，包括数据库设计的目标，数据库设计依据的概念模型，数据库的功能、性能指标及物理结构设计等。

4. 系统实施计划

（1）说明，主要内容有系统名称、各子系统名称、程序的命名规则、所使用的开发工具及需要的设备等。

（2）详细实施计划，包括分解任务和工作、系统开发进度、成本、预算等。

从系统调查到系统分析，再到系统设计，这三部分工作可能会占用整个系统开发70%的工作量。

供应链信息系统设计报告是信息系统开发的最重要依据。因此，与信息系统实施有关的各方面内容都要在此报告中描述清楚。

关键点提示

供应链信息系统设计报告主要由以下几部分组成：

1.前言；2.系统总体结构设计；3.系统详细设计方案；4.系统实施计划。

2.6 如何构建供应链决策支持系统

工作场景描述

当企业需要构建供应链决策支持系统（DSS）时，可查看。

解读与分析

决策支持系统（DSS）是计算机硬件技术迅速发展并应用于管理决策领域的必然结果。它能综合利用各种数据、信息、知识与模型技术，辅助管理者解决半结构化和非结构化的决策问题。供应链企业构建决策支持系统时，需要把握好以下各个方面的内容。

1. 了解构建决策支持系统的目标

DSS的目标是支持决策，而非取代决策，是为了提高决策效能，而非提高效率，因而它与电子数据处理系统（EDP）和管理信息系统（MIS）有明显差别。DSS旨在建立一种决策环境，使决策者可以充分利用自己的知识、经验，在系统的帮助下详细了解和分析决策过程中的各种主要因素及其影响，激发自己的创造力，从而最终做出决策。由于大多数决策者不熟悉计算机技术，为了使他们能与计算机协同工作，DSS必须拥有非常友好的人机界面。另外，由于该系统主要解决的是半结构化决策问题，决策过程和方法都有很多不确定性，因而，DSS设计的关键在于模型库的设计，模型库不仅能提供丰富的模型，还可以根据实际情况做动态调整。

2. 采集决策支持系统所需要的数据

科学的决策必须以大量可靠的数据为基础，否则，决策就没有根据，就会成为主观猜想。随着条码技术的推广以及数据采集工具的发展，供应链企业可以采集到大量的数据。企业在日常商务活动中也可以收集包括订货单、存货单、应付账款、交易条款、客户情况等在内的大量数据资料。同时，企业常常可以从外部资源中获得统计数据和邮件列表之类的数据。这些数据是一种巨大资源，必须存储在专用数据库中，以提供给决策支持系统使用。

3. 建立决策分析专题

为了协助管理人员在面对复杂的作业决策时能迅速而有效地做出正确的决定，企业要建立决策分析专题，如确立物流作业中货物短缺时的预警。供应链企业有必要将计算机辅助决策的项目列成专题，如需求计划决策专题、库存决策专题、生产计划决策专题等，在每一个专题中列出一些相互关联的子项，以满足辅助决策的需要。

在信息系统中，特别是面向高层管理者的决策支持系统中，出于对比分析的需要，除了存储当前信息之外，还必须存储足够的历史信息。

4. 建立决策分析的辅助功能

决策分析的辅助功能模块包括数据抽取功能、静态分析功能、动态分析功能、图形分析功能等模块。这些功能模块构成了决策专题的技术基础。

（1）数据抽取功能主要完成数据的收集、传输处理等，并可依据其所要考虑的主题构筑相应的数据仓库。

（2）静态分析功能主要用各种统计学方法，通过对数据进行切片、切块、旋转、钻取等来实现从不同的角度对数据进行分析，以得出各种结论，对内提供资料，对外发布信息。

（3）动态分析功能基于人工神经网络、学习理论、决策树等人工智能方法和线性回归分析、非线性回归分析、时间序列分析等统计学方法，应用关联分析、序列模式分析、分类分析及聚类分析等分析方法，按照既定业务目标，对大量的数据进行高速、自动化的处理和分析，做出归纳性的推理，揭示隐藏的或验证已知的规律，并将其模型化。

（4）图形分析功能可用于完成可视化工作，将数据通过各种分析而得到的结果以图形化的方式呈现给用户。

5. 使用决策分析工具与技术

有了数据如同有了矿藏，而要从大量数据中获得决策所需的数据，就如同挖掘矿藏一样，必须要有工具。这些工具包含了查询、统计分析、数据挖掘、计算器、模拟器、数学模型和运算法则等类型。其中，最主要的数据处理技术如下。

（1）数据仓库技术。数据仓库能把整个企业的数据，不管其地理位置、格式和通信要求如何，统统集成在一起，并能把当前使用的业务信息分离出来，保证关键任务联机事务处理（OLTP）应用的安全性和完整性，同时可以访问各种各样的数据库。应用数据仓库技术，企业能把各种数据库（源数据库）集成为一个统一的数据仓库（目标数据库），并且把各种数据转换成面向主题的格式，可以从异构的数据源中定期抽取、转换和集成所需要的数据，以便最终用户访问并能从历史的角度进行分析，最后做出战略决策。

（2）联机分析处理技术（OLAP）。联机分析处理技术将决策支持系统带入更高的层次，该分析处理技术从企业的数据集合中收集信息，并运用了数学运算和数据处理技术。一般地，它以数据仓库为基础对数据进行多维化和预综合分析，构建面向分析的多维数据模型，再使用多维分析方法从多个不同角度对多维数据进行分析、比较，找出它们之间的内在联系。联机分析处理技术使分析活动从方法驱动转向了数据驱动，实现了分析方法和数据结构的分离。

（3）数据挖掘技术。数据挖掘技术是从大型数据库或数据仓库中发现并提取隐藏在其中的信息的一种新技术。应用该技术的目的是帮助决策者寻找数据间潜在的关联，发现被忽略的要素，而这些信息对预测趋势和决策行为也许是十分有用的。数据挖掘技术涉及数据库、AI（人工智能）、机器学习和统计分析等多种技术。

6. 使用多种形式的输出工具

决策支持系统的使用者是企业的管理者，这就要求其要有良好的输出形式，故这种系统需采用报表、一般图形、特殊图形、电子数据表格、动画、地理信息系统等输出工具，提供亲切、友好、直观化的操作界面，以降低管理者操作计算机时的疲劳程度，增强系统的易用性。

决策支持系统运用日趋成熟的各类信息技术，解决业务流程中涉及的大量运筹和决策问题，如库存水平的确定、合理运输线路的选择等，从而降低成本，提高企业决策水平和运作效率。

关键点提示

供应链企业构建决策支持系统时，需要：

1.了解构建决策支持系统的目标；2.采集决策支持系统所需要的数据；3.建立决策分析专题；4.建立决策分析的辅助功能；5.使用决策分析工具与技术；6.使用多种形式的输出工具。

2.7 如何进行供应链数据库设计

> 工作场景描述
>
> 当企业开发供应链信息系统涉及数据库设计时，可查看。

解读与分析

计算机信息系统以数据库为核心，在数据库管理系统（DBMS）的支持下，进行信息的收集、整理、存储、检索、更新、加工、统计和传播等操作。进行供应链数据库设计时，企业需要做好下述工作。

1. 了解数据库设计的内容

数据库设计是指对于一个给定的应用环境，提供一个确定最优模型与处理模式的逻辑设计以及一个确定数据库存储结构与存取方法的物理设计，建立起既能反映现实世界信息和信息联系，满足用户数据要求和加工要求，又能为某个数据库管理系统所接受，实现系统目标并有效存取数据的数据库。供应链信息系统数据库设计的内容如下。

（1）数据存储、检索、更新设计。

（2）用户可访问的目录设计。

（3）事务设计。

（4）并发控制设计。

（5）恢复服务设计。

（6）授权服务设计。

（7）对数据通信的支持设计。

（8）完整性设计。

（9）数据独立性服务（视图、表空间）设计。

2. 遵循数据库应用系统的设计与开发指导方针

数据库应用系统的设计与开发是一项系统工程。系统工程是对合理开发、设计和运用系统所采用的思想、步骤、组织和方法的总称。按照系统工程的观点，供应链企业数据库应用系统的设计与开发需要遵循以下指导方针。

（1）系统的目的性：系统开发的成功与否取决于是否满足用户的需要，满足用户的需要是设计与开发工作的出发点和归宿。

（2）系统的整体性：对各个环节的信息进行综合和抽象，得出实际业务环节的整体逻辑模型和整体物理模型，而不是各个供应链环节信息的简单组合和拼凑。

（3）系统的相关性：供应链系统的各个子系统（模块）各有其独立功能，同时又相互依赖、相互作用，需通过信息流把它们的功能联系起来。

（4）系统的扩展性和易维护性：系统要能适应外界环境的变化，对数据库的设计要留有充分的余地，以便扩充。供应链系统要能跟外界进行信息交换，有行业规范或国家标准的要尽量采用，对没有标准的可以考虑建立企业标准；建立系统时要有前瞻性，对可能提出的信息需求和功能需求，应留有接口；对可能发生的误操作或故意破坏，要尽可能把损失降到最低。

（5）工作成果文档化和图表规范化：软件是程序和文档资料的集合，文档资料是系统的组成部分。系统的扩充、修改、交流都是建立在文档资料基础上的。在文档资料的标准化、规范化方面可以参照软件工程规范。

3. 遵循数据库设计步骤

数据库系统设计是在现成的DBMS上建立数据库应用系统的过程。其特点是：数据量大、保存时间长、数据关联复杂、用户要求多样化。供应链信息系统的数据库设计可以划分为以下步骤。

（1）规划。描述数据库设计的必要性以及进行数据库设计的可行性分析。在供应链信息系统的规划阶段，需要确定系统的范围，进行任务陈述，定义数据库应用程序的主要目标，确定开发工作所需的资源，估计开发成本，确定项目进度。

（2）需求分析。需求分析是数据库设计成败的关键，没有对系统进行充分的需求分析，数据库设计就很难取得成功。在供应链信息系统的需求分析阶段，应该对系统的整个应用情况做全面、详细的调查，收集支持系统总设计目标的基础数据和对这些数据的要求，确定用户的需求，并把这些需求写成用户和数据库设计者都能够接受的文档。

（3）概念设计。应用实体联系模型的方式，对需求分析所得到的数据进行更高层次的抽象描述。

（4）逻辑设计。逻辑设计的目的，是把概念模式设计阶段的全局模型转换成与选用的具体机器上的DBMS所支持的数据模型相符合的逻辑结构。

（5）物理设计。对已经确定的逻辑结构选择适当的物理结构，包括存储结构、存取路径、存储分配等，如在Oracle数据库中设置供应链数据库的磁盘分配方式等。

（6）应用程序开发。包括数据库应用程序的设计、编码、调试、运行。

（7）数据库实施与维护。包括供应链数据库的装入、数据库的试运行、数据库的运行维护。

4. 由易到难、由点到面地进行数据库演进

供应链企业信息系统涉及的功能多，要采集的数据量十分庞大，为了尽早地使系统运转起来，就不可能等到把数据库建设完善了以后再运行，因此这就需要采用数据库演进策略。首先解决核心业务流程，随着应用范围的扩大和深入，不断修改和增加新的功能，从而使整个系统由点到面、由易到难地推进。

数据库设计过程是一个有起点而几乎无止境的精益求精的过程。尽管前面我们把数据库设计过程表述为一个程序化的过程，但并不一定非要以这种程序化方式进行，各个阶段之间的区分也并不是非常严格。此外，在设计过程中，企业还要充分利用数据库管理系统提供的安全策略，包括用户验证、对数据库访问权限的设置等。

关键点提示

进行供应链企业的数据库设计时，企业需要做到：

1.了解数据库设计的内容；2.遵循数据库应用系统的设计与开发指导方针；3.遵循数据库设计步骤；4.由易到难、由点到面地进行数据库演进。

2.8 如何在供应链系统中实现电子商务

工作场景描述

当企业需利用不断发展的电子商务技术重新设计供应链以适应市场变化时，可查看。

解读与分析

电子商务是随着国际互联网和电子数据交换（EDI）技术的发展而产生和发展起来的，它的主要应用领域是商务活动。电子商务是未来商业发展的必然趋势，在供应链环境下实现电子商务，企业应该做到以下几点。

1. 认识电子商务所蕴含的价值

电子商务是指商务活动的各方（包括生产厂家、商家、消费者、银行、政府等）利用计算机网络技术全面实现在线交易电子化的活动。它可以使商家与供应商之间的联系更加紧密，更快地满足用户的需求，也可以让商家在全球范围内选择最佳供应商，在全球市场上销售产品，给消费者提供更多的消费选择。

电子商务这种交易方式说到底是网上营销和网上消费方式。电子商务涉及产品（商品）、渠道、促销、定价，也涉及营销环境、市场分析和目标销售、购买行为、产品策略、渠道策略、促销策略、定价策略和营销组合等企业经营活动。通过应用电子商务，企业可以实现网上订购、网行结算、网上退货、网上导购、网上促销、锁定客户、追踪服务、为客户提供咨询服务，可以把以上各个环节更好地衔接起来，以实现供应链成本最小化。

2. 正视供应链企业开展电子商务活动所面临的问题

在我国，企业电子商务的应用环境正在不断改善，电子商务呈现出快速增长的势头。但是，供应链企业开展电子商务活动依旧面临下列问题。

（1）开展电子商务活动时，一定规模的参与量无疑是最为重要的基础因素，但据统计，我国大部分企业既没有充分利用网络资源，又没有借助网络开展商务活动。

（2）企业开展电子商务活动的成本较高，在一定程度上制约了企业的发展。

（3）我国的市场经济环境还不成熟，企业电子商务的相关机制尚未建立。

（4）相关人才在我国企业中紧缺。

3. 建立电子商务环境下的物流配送体系

目前，我国的电子商务发展迅速，面向某一行业的专业性垂直网站模式发展势头强劲。作为电子商务诸环节中最为薄弱的一个环节，物流配送的落后已经成为制约电子商务发展的瓶颈。电子商务时代的物流配送，必须具有信息化、自动化、网络化、智能化和柔性化的特征。电子商务时代的物流配送应做好以下工作。

（1）提高信息化程度。物流配送的信息化表现为：物流信息收集的数据库化和代码化、物流信息处理的电子化和计算机化、物流信息传递的标准化和实时化、物流信息存储的数字化等。

（2）降低配送服务价格。电子商务企业不能只考虑网站的点击率和订单的数量，还应同时考虑配送成本，尽量将订单控制在配送范围之内，并尽量使之相对集中和形成规模。

（3）建立以配送为中心的物流服务体系。配送是商品市场发展的产物，随着大批量、小批次的物流配送活动逐步被小批量、大批次的物流配送活动取代，个性化、多样化的市场需求会占据越来越大的市场份额，配送已成为电子商务时代物流活动的中心环节和最终目的。因此，企业需要建立面向配送、面向市场、面向客户的物流服务体系。

（4）重新整合物流资源。电子商务对商品配送需求的迫切性和多样性为整合系统内的物流资源提供了内在的动力。对现有仓储和运输等物流资源进行重新整合，可以提供强大而灵活的供货能力和运输能力。

在我国电子商务的实践中，开展电子商务活动的企业为解决物流配送的问题，主要采取了以下三种方式：一是建立自己的配送渠道和设施，依靠自己的能力搞配送；二是委托专业物流配送机构完成商品配送；三是与百货商店、连锁店等原有配送网络搞联合、协作，共同完成物流配送。第一种方式适合实力雄厚的大型企业；第二种方式比较适合我国国情，可进一步向独立第三方物流方向发展，但应解决好目前矛盾比较集中的商品配送价格等问题；第三种方式将电子商务配送与传统物流配送一体化，有利于集中使用物流资源，优化物流配送网络。

4. 健全电子商务数据库

由于不同于以往的传统应用，电子商务应用对作为其关键基础的数据库提出了很多新要求，具体表现在以下几方面。

（1）可扩展性和强可用性。访问电子商务网站的用户数量是无法精确预测的，这就要求数据库拥有处理大量数据以及为更多的用户提供服务的能力，也就是要拥有良好的可扩展性及并行处理的能力。电子商务系统需要全天候正常运转，不能宕机，这种强可用性需要硬件、软件产品的紧密配合。

（2）安全性。电子商务数据库的访问者身份是不确定的，不同角色的访问者访问的内容是不同的，这就要求数据库拥有更好的安全性。

（3）支持多种网络平台标准。在电子商务应用中，Java、XML、NetBeans已经成了开发应用的主要工具和不同应用之间进行沟通的标准，如何更好地支持它们是电子商务数据库要考虑的重点。

（4）良好的集成性。电子商务可能会涉及应用服务器、Web服务器、其他数据库、老式应用系统（单机系统）以及第三方电子商务软件。这些系统和软件是否具有良好的集成性往往关系到电子商务系统的性能。

5. 发展协同商务，推动电子商务的发展

电子商务的出现使人们从单纯关注交易这一节点向关注商务全过程方向转移，这将涉及整个供应链上各方业务之间的协作。在企业内部，有各部门之间的业务协同、不同的业务指标和目标之间的协同以及各种资源约束的协同。这主要体现在不同部门计划之间、各层次计划之间以及不同周期计划之间的协同上，如库存、生产、销售、财务部门计划间的协同，企业战略、战术、运作层次计划间的协同，长短期计划间的协同等。只有做好不同层次、不同业务间的协同，企业才能提高其产品和服务的创新能力，优化企业内部的工作流程，合理调配企业及供应链上的资源，更好地实现企业的并行运作，提高企业和供应链整体的快速响应能力。

作为一种全新的商务交易活动，电子商务的应用将打破时空界限，改变交易形态，

加速整个社会的商品流通，有效降低企业的生产经营成本，提高企业的竞争力。电子商务是一项跨世纪、跨部门的复杂的社会系统工程，涉及网上安全支付、网络安全、IP隧道、网关等金融认证体系、安全体系等方面的内容。

关键点提示

在供应链系统中实现电子商务，企业需要注意：

1.认识电子商务所蕴含的价值；2.正视供应链企业开展电子商务活动所面临的问题；3.建立电子商务环境下的物流配送体系；4.健全电子商务数据库；5.发展协同商务，推动电子商务的发展。

2.9 如何运用POS系统

工作场景描述

供应链系统建立后，企业需了解如何推广与使用POS系统时，可查看。

解读与分析

供应链信息系统中的POS（Point of Sales）系统主要是在供应链环节中的零售企业中使用。利用POS系统可以为零售企业提供更迅速、更准确、更适用的信息资料，为零售企业决策提供可靠的依据，使零售企业或连锁企业的经营管理从凭感觉管理转向定量单品管理，从而使其经营管理出现质的变化。企业运用POS系统有以下方式。

1. 运用POS系统，开展票务和收款业务

在一定条件下，商家营业额的高低取决于收款的速度。POS系统建立后，由于运用了条码扫描技术，大大加快了收款速度，减少了消费者等待结款的时间。在这种情况下，消费者就有了更多的时间去选择商品，而不必因担心去排长队而压缩挑选商品的时间，使用POS系统在为消费者节约时间的同时，也为商家提高营业额创造了条件。

连锁企业在互联网的条件下以POS系统为终端，结成信息网络，可开展票务工作，如机票、球票等的销售工作，还可开展各项收缴业务，不仅可用于零售业，还可用于公用事业中的费用收缴。对于连锁企业而言，连锁店的店铺网络越大，越有利于共享资源，而其在POS系统上的投资回报率也就越高。

2. 运用 POS 系统，为企业提供信息依据

建立了POS系统后，零售企业或连锁企业就可以准确地采集到销售资金收入、商品库存、营业员业绩、优惠卡持卡者记录、应收应付及资金流动等内部经营活动的数据。企业对POS系统的要求是：可靠地进行销售活动，准确地收集基础数据。这种广泛而全面的数据采集构成了企业分析和决策的基础。

3. 运用 POS 系统，跟踪消费者的消费行为

在当前激烈的市场竞争条件下，零售业需建立起自己的消费者管理制度，寻找和确立自己的重点消费群体，稳定自己的消费者队伍并提供长期和深入的服务。POS系统的建立，为零售企业特别是连锁企业创造了建立消费者管理制度的有利条件。从另一个角度讲，POS系统是跟踪消费者消费行为最有效的技术。在POS系统中，商家在建立消费者档案的时候会给消费者分配一个号码，消费者到收银台结账时，收银员会把消费者的信息通过POS系统输入计算机系统中，这样每个消费者采购商品的时间、种类、数量都会在计算机里有详细的记载。商家可以根据这些信息，对消费者的购买行为进行分析，从而为消费者提供更有价值的服务。

4. 运用 POS 系统，加强企业管理

POS系统的运用对企业管理的意义如下。

（1）为连锁企业开展品类管理提供了可靠的信息依据。建立了POS系统后，零售企业或连锁企业就可以进行单品管理。当在单品管理的基础上进一步运用品类管理技术时，POS系统的作用就会突出表现出来。

（2）加强进货和无缺货管理。POS系统可以使企业确定好量与时间，准确订货，通过与上游企业确定的供货方式与配送协议，来保证不会发生门市缺货的情况。POS系统可以在调整商品结构的基础上，实现进销分离，逐步形成规模经营。

（3）加强营销管理。零售企业或连锁企业可以利用POS系统对企业进行经营分析，

树立新型的经营观念，包括：在采购、销售上主动出击，抢占货源和销售覆盖面这两个制高点，形成自己独特的优势；积极拓展营销领域，尤其是大型零售企业，要积极向多角度、多功能、多领域拓展。

POS系统是零售企业收集基础数据、提高企业效益的手段。虽然POS系统可以作为销售资料处理、收集、存档、整理、分析的管理工具，但如何利用POS系统提供的信息整合内部资源，改善整体经营成效，提升竞争力，仍是企业下一步要面临和考虑的问题。

关键点提示

零售企业或连锁企业可以用以下方式运用POS系统：

1.运用POS系统，开展票务和收款业务；2.运用POS系统，为企业提供信息依据。3.运用POS系统，跟踪消费者的消费行为；4.运用POS系统，加强企业管理。

2.10 如何规划电子订货系统

工作场景描述

当企业需要改变传统的订货方式，以便及时、准确地交换订货信息时，可查看。

解读与分析

电子订货系统（Electronic Ordering System，EOS）是企业利用通信网络和终端设备，以在线连接方式处理从订货到接单各种信息的计算机系统。运用电子订货系统，零售商可将发生的订货数据输入计算机，即通过计算机通信网络将资料传送至总公司、批发商、商品供货商或制造商处。在当前零售业场地寸土寸金的情况下，零售业已没有多余的空间用于存放货物，采用EOS成为众多商家的选择。规划EOS时，企业需要做到以下几点。

1. 认识电子订货系统的组成

由于EOS需采用电子手段完成供应链上从零售商到供应商的产品交易过程，因此，它必须包含以下几部分。

（1）供应商。商品的制造者或供应者（生产商、批发商）。

（2）零售商。商品的销售者或需求者。

（3）网络。用于传输订货信息。

（4）计算机系统。用于产生和处理订货信息。

2. 规划电子订货系统的目标

EOS的目标是及时产生订货信息并使信息在零售商和供应商之间及时、准确传递。EOS在零售商和供应商之间建起了一条高速通道，使双方能够及时沟通，使订货周期大大缩短，既保障了商品的及时供应，又可以加速资金的周转，有助于实现零库存战略。

3. 选择并确定电子订货系统的类型

就整个社会而言，标准的电子订货系统是“多对多”式的整体运作，即许多零售店和许多供应商组成的大系统的整体运作。根据整体运作程序，EOS可大致分为以下三种类型。

（1）连锁体系内部的网络型，即连锁门店有电子订货设备，总部有接单电脑系统，用即时、批次等方式传输订货信息。

（2）供应商对连锁门店的网络型。其具体形式有两种：一种是直接的“多对多”，即众多的不同连锁体系下属的门店对供应商，由供应商直接接单发货至门店；另一种是以各连锁体系内部的配送中心为中介的间接的“多对多”，即连锁门店直接向供应商订货，并告知配送中心有关订货信息，供应商按商品类别向配送中心发货，配送中心按门店信息组配并送货。这可以说是中级形式的电子订货系统。

（3）众多零售系统共同利用的标准网络型。其特征是利用标准化的代码、传票和社会配套的信息管理系统完成订货作业。其具体形式有两种：一是区域性社会配套的信息管理系统网络，即成立由众多的中小型零售商、批发商构成的区域性社会配套的信息管理系统营运公司和区域性的咨询处理公司，为本地区的零售业服务，支持本地区EOS

的运行；二是专业性社会配套的信息管理系统网络，即按商品的性质划分专业，从而形成各个不同专业的信息网络，这是高级形式的电子订货系统，必须以统一的商品代码、统一的企业代码、统一的传票和订货规范标准的建立为前提条件。

4. 确定电子订货系统所需硬件设备

EOS所需硬件设备一般由三部分组成。

（1）电子订货终端机。电子订货终端机具有存储和运算等基本功能，其作用是将零售商订购的商品及数量，以扫描或键入的方式，暂时储存在记忆体中，当订货作业完毕时，再将终端机与后台电脑相连接，取出储存在记忆体中的订货资料，存入电脑主机。

（2）数据机。它是零售商与供应商联系的主要通信装置，其作用是将订货信息从门店传递至商品供应方的数据机，供应方以此为依据发送商品。

（3）其他设备，如个人电脑、价格标签及店内码的印制设备等。

5. 确立电子订货方式

运行EOS时，除需配备硬件设备外，企业还必须确立电子订货方式。一般订货者通过现场巡视缺货状况，确定订货商品与数量，再通过以下方式进行信息传递。

（1）Client（客户端）登录：远程拨入供应商系统，作为远程用户登录，启用客户端系统，按系统所提供的单据格式输入信息，形成电子单据。

（2）格式文件转入：按供应商系统所要求的单据数据格式，生成相应的单据数据文件，传入供应商系统，并下载供应商系统中形成的正式单据。

（3）E-mail：按电子单据格式，自动生成E-mail，按供应商信息中所提供的E-mail地址，发送电子单据。

（4）网络平台登录：在供应商所提供的网页上，直接登录，输入生成电子订单等单据，并提交给供应商。

EOS能处理从新商品资料的说明直到会计结算等全部商品交易过程中的作业，涵盖了整个物流过程。作为提升企业整体竞争力的手段，EOS包含了许多先进的管理内容，得到了商业界的青睐。

关键点提示

在供应链环境下规划电子订货系统时，企业需要：

1.认识电子订货系统的组成；2.规划电子订货系统的目标；3.选择并确定电子订货系统的类型；4.确定电子订货系统所需硬件设备；5.确立电子订货方式。

2.11　如何运用条码

工作场景描述

当企业欲在供应链管理中运用条码时，可查看。

解读与分析

商品等货物的条码化是建立整合供应链的最基本条件。它是实现仓储自动化的第一步，也是POS系统快速准确收集销售数据的手段。运用条码及条码技术时，企业需要注意以下几点。

1. 了解条码知识

所谓条码，简单来说就是由一组粗细不同的条与空相间组成的图形。条码可有各种颜色，我们常看到的是黑色。条码是可利用光电扫描阅读设备识读并实现将数据输入计算机的特殊代码。条码的分类多种多样，有商业通用条码和工业通用条码，有一维码和二维码。现在常用的一维码有39码、128码、93码、JAN码、UPC码等，二维码有PDF417、Code49，MaxiCode等。条码技术是自动识别技术的一种。

2. 使用商品上已有的条码

有些商品上的条码比较符合规范，可以直接使用，但有些商品上的条码不符合规范，存在重码等现象。另外，由于印刷的原因或条码颜色搭配不当，条码阅读器无法识别的现象经常出现。因此，在使用条码技术销售商品前，企业必须对一种商品的条码进行仔细的检查，最简便的方法就是用条码阅读器对每一种商品进行扫描，剔除重码或无法读出的条码。

3. 使用店内码

对于重码或无法读出的条码，比较简便的做法是为该类商品重新贴上由用户自己制作的“店内码”。看上去这是一个很简单的问题，但如果工作没有做好，就会影响到数据的准确性，甚至会造成某些商品无法使用条码扫描进行销售。

使用条码技术的商场在店内码方面一般有两种做法：一种是无论商品上原来有无条码，一律使用用户自己制作的店内码；另一种是充分利用商品上原有的条码，为某些特定商品标上用户自己制作的店内码。编制店内码时，应按照中国物品编码中心的规定来进行。制作店内码需要使用专用条码打印机，通过预先编制好的程序来进行，这样可减少人工输入的差错，并可大大提高工作效率。

4. 将条码技术运用于商品销售

条码技术在商品销售中的应用促进了销售管理模式的改变，如上海的美美百货、时代广场等中外合资的商厦，就摒弃了消费者到收银台付款的传统管理模式，改由营业员代消费者到收银台付款，营业员凭商品或凭条码标签到收银台扫描条码，收银员同时扫描营业员的工号条码。这样就废除了营业员开小票、收银员输入营业员工号等烦琐做法。

5. 将条码技术运用于仓库管理

将条码技术运用到仓库管理中，可以方便产品的出入库管理，尤其是能使仓库管理更加正规化，降低仓库的损耗。在仓库管理中利用便携式数据采集器，通过条码阅读器扫描，可快速、准确地进行库存和柜存盘点，POS系统会将接收到的数据与自身存储的数据进行对比，以产生盘盈，而如果采用手工方法进行库存和柜存盘点，不仅费工、费时，而且不易盘准，容易产生差错。

事实证明，如果企业能够正确地将条码用于仓库管理的有关环节，一定会极大地改进企业的仓储管理，不但能够减少产品信息的人工登记工作，降低仓库管理人员的劳动强度，减少出错机会，提高劳动效率，而且便于企业对产品进行售后质量跟踪，使企业在激烈的市场竞争中把握主动权。

6. 选择条码设备

条码设备有三类：条码打印设备、条码扫描器和数据采集器。大中型百货商场、零售店、专卖店等以选择手持式条码扫描器为宜，超市则以选择激光平台式条码扫描器为宜。同时，条码扫描器和数据采集器在性能上有防撞击、扫描分辨率、扫描速度、扫描距离等方面的要求。

条码技术是最基本的物流管理手段，再先进的物流系统也离不开条码技术的应用。条码技术能极大地提高数据采集和信息处理的速度，从而提高物流效率，提高企业经营管理水平。

关键点提示

供应链企业运用条码及条码技术时，需要注意以下几点：

1.了解条码知识；2.使用商品上已有的条码；3.使用店内码；4.将条码技术运用于商品销售；5.将条码技术运用于仓库管理；6.选择条码设备。

2.12 如何规划电子数据交换

工作场景描述

当企业需在管理信息系统和决策支持系统中使用EDI技术时，可查看。

解读与分析

电子数据交换，（Electronic Data Interchange，EDI）是指按照同一规定的一套通用标准格式，将标准的经济信息通过通信网络传输，使企业与企业之间进行数据交换与处理，并完成以贸易为中心的全部业务。电子数据交换具有快速、精确等传统信息传递方式无法比拟的优点，能够降低交易成本，高效、快速、准确地传递物流信息。供应链企业在进行信息系统建设中涉及EDI时，需要进行相应的规划，主要涉及以下几点。

1. 认识电子数据交换的意义

（1）在不必连续接触的情况下，EDI能加强组织间的协调。供应链问题最根本的解决方法是将供应链变成一个管道：设计更新供应链所有层次的系统，或者将供应链的各个层次连接起来，形成快速反应的系统，使其具有接受、处理当前要求并将其传递到供应链下一层次的能力。

（2）EDI提供了信息自动化控制功能，为信息到达所有作业层次提供了通道，并鼓励基层做出决策。

（3）EDI促使组织内部发生变化。EDI可以减少组织内部的交流障碍，并在没有人为干预的情况下更新计算机文件，为传送信息和管理协商提供平台。

2. 规划电子数据交换的组成部分

EDI由数据标准、EDI软硬件、通信网络组成。

在软件方面，除了保证安全通信的软件之外，在网络平台上实现EDI还需另一种软件，即EDI映像软件。这些软件主要用于将数据转换为EDI标准格式，通过网络平台发送文件。接收方接收通过网络平台传来的EDI文件，经解码后传送到EDI映像软件上，EDI映像软件对其进行变换，送至事务处理应用程序。

3. 加强信息编码和标准化工作

要想做到信息共享和便于计算机处理，就必须有大家共同认可的标识，因此企业需要做一系列前期准备工作，其中最主要的是编码和标准化工作。

（1）编码标准的制订原则。在制订分类编码体系时，企业要全面考虑设计、制造、管理各部门基于其各自的应用目的提出的使用需求。制订的编码标准应具备标识的唯一性，具有分类功能、排序功能和特定含义。

制订编码标准时应尽量采用国家标准和行业标准，在这些标准满足不了需求而制定企业标准时，也应尽量考虑与相应的国家标准、行业标准兼容。

（2）实施EDI的基本代码。

①物料类代码。包括产品物料码，刀具、夹具、量具编码和设备编码等。这是最主要的代码。

②工艺类代码。包括毛坯类别码和标准工序代码等。在编制标准工序代码时，企业

可按加工方法逐层细化，而加工进程单就是这些标准工序的组合。

③管理类代码。包括分配任务或成本核算用的部门码，库房库位码，供采购或销售管理用的合同码、用户码、供应商码，用于为提高管理水平的各类控制码、分类码。这些代码与软件编制有密切关系。

4. 达成电子数据交换的基本要求

EDI是借助各行业对信息标准的开发而实现的。很多基础信息标准已经作为平台被用户企业应用选择。管理问题涉及增值网络的数据安全、法律问题和数据流的政府限制。企业要想有效地运用增值网络，就必须深刻地理解为传送者提供的服务。它还要求贸易伙伴间就信息传送的标准和方法达成协议。使用EDI将结构化的数据从一个组织的计算机传输到另一个组织的计算机中，就必须具备三个基本要求。

（1）特定计算机之间数据传送的通信标准。

（2）某一特定业务的统一交易信息标准。

（3）对内部使用的信息数据进行转换的翻译软件。

5. 重点在电子数据交换强化竞争优势的部分

EDI已成为B2B（企业对企业）电子商务的主流技术，对采购业务有着很重要的影响。它不仅是一种通信用的业务交易工具，还是一种与其他组织协调的方式。EDI的竞争优势不仅体现在其作为通信工具的运用上，而且体现在它迫使组织内部和组织之间的关系发生改变上。EDI的交互效用可以分成与供应商有关的、内部的和与客户有关的两个方面。在买方统治的市场上，EDI迫使买方整合成较少的客户；而在卖方统治的市场上，EDI可以为市场设计一些附加超值服务，例如，通过监控客户存货而自动地追加订货，收集即时市场信息，增强生产计划的灵活性和反应能力等。

使用EDI的好处日益明显。通俗地讲，EDI就是将符合一定标准的商业信息数据通过计算机和网络在不同企业的应用系统之间进行传递。企业与商家、银行、用户之间通过有效交流信息，可以提高自身的运营效率。

关键点提示

供应链企业进行电子数据交换的规划时，需要：

1.认识电子数据交换的意义；2.规划电子数据交换的组成部分；3.加强信息编码和标准化工作；4.达成电子数据交换的基本要求；5.重点在电子数据交换强化竞争优势的部分。

2.13 如何在供应链管理中实施 ERP

工作场景描述

当企业需要实施ERP时，可查看。

解读与分析

ERP（Enterprise Resource Plan，ERP）是指建立在信息基础之上，通过先进的管理思想和方法，对企业内部资源和外部资源进行整合，通过标准化的数据和业务操作流程，把企业的人才、财、物等进行紧密集成，最终实现资源优化配置和业务流程优化目的的方法。在供应链企业的生产厂商中引入企业资源计划系统，是一个很复杂的过程，其中实施ERP是一个极其关键也最容易被忽视的环节。ERP实施情况已经成为制约ERP功能发挥的一大瓶颈。供应链企业中的生产厂商在实施ERP时，需要做好以下几点工作。

1. 进行有效的项目组织

ERP的实施是一个大型的系统工程，需要有组织上的保证。项目的组成人员选择不当，协调配合不好，将会直接影响项目的实施周期和成败。项目组织应该由三层组成，每一层的组长都应是上一层的成员。

（1）领导小组。由企业的一把手牵头，并与系统相关的副总一起组成领导小组。

领导小组任免项目经理，负责发掘优秀人才。

（2）项目实施小组。一般由项目经理组织开展工作，其他的成员应当为企业主要业务部门的领导或业务骨干。项目实施小组负责实施工作。

（3）业务组。业务组工作的好坏是ERP实施能不能贯彻到基层的关键。每个业务组都必须有固定的人员，带着业务处理中的问题，通过对ERP系统的掌握，寻求一种新的解决方案和运作方法，并用新的业务流程来验证，最后协同项目实施小组一起制订新的工作规程和准则。业务组还负责基层单位人员的培训工作。

2. 进行企业诊断与需求分析

企业诊断是指由企业的高层领导和项目组成员用ERP的思想，对企业现行业务流程和存在的问题进行评议和诊断，找出问题，寻求解决方案，用书面形式明确预期目标，并规定评价目标实现的标准，然后将分析的结果写成需求分析报告。

3. 进行项目的前期准备工作

项目开始阶段主要针对ERP项目的需求、范围和可行性进行分析，制订项目实施的总体计划。多数中小企业往往缺乏信息管理人才，项目前期的工作，可委托咨询公司协助完成。这个阶段需要进行领导层培训及ERP原理的培训，主要的培训对象是企业高层领导及ERP项目组成员，使他们掌握ERP的基本原理和管理思想。这是ERP系统成功应用的理论基础。

4. 进行项目选型

在明确了项目的期望和需求后，企业就需要开展项目选型工作，包括：

（1）选择合适的软件系统和硬件平台。

（2）选择合适的软件。

（3）选择合适的软件供应商。

5. 确定项目计划

项目计划确定阶段是ERP项目系统实施的启动阶段。此阶段主要进行的工作包括：确定详细的项目实施范围，定义递交的工作成果，评估实施过程中的主要风险，制订项目实施的时间计划、成本和预算计划、人力资源计划等。

6. 项目执行

项目执行阶段是项目实施过程中历时最长的一个阶段，项目实施的成败与该阶段项目管理的好坏休戚相关。在项目执行阶段进行的项目管理的主要内容包括控制项目实施时间和成本、制订项目实施文档、组织项目实施进度汇报、召开项目例会等。项目执行阶段的工作主要如下。

（1）实施准备，包括数据和各种参数的准备和设置。

（2）系统安装调试与测试。

（3）系统模拟运行。

（4）验收及系统运行。

7. 进行项目评估与总结

对于系统的评价，应从用户需求满足程度出发。项目评估主要侧重于项目阶段性评估、项目里程碑的鉴定和验收、项目实施质量的检验等。在项目完成阶段，仍有重要的项目管理工作需要开展，主要有行政验收、项目总结、经验交流、正式移交等。事实上，这相当于做一次新的诊断，看一下经业务流程重组和实施ERP后，企业的战略、流程及员工对市场的反应是否比以前更快、更好，为消费者提供的服务是否更加及时周到，对各种资源的配置是否更加卓有成效。

供应链企业实施ERP只有在科学方法的指导下，才能够成功实现企业预定的目标。

关键点提示

供应链企业中的生产厂商实施 ERP 时，需要做到：

1.进行有效的项目组织；2.进行企业诊断与需求分析；3.进行项目的前期准备工作；4.进行项目选型；5.确定项目计划；6.项目执行；7.进行项目评估与总结。

2.14　如何在供应链中集成相关信息技术

> 工作场景描述
>
> 当企业为建立有效的供应链信息系统而需要对供应链信息技术进行集成时，可查看。

解读与分析

信息技术集成可以使企业充分利用原有的信息系统，在技术集成的基础上发挥旧系统的最大效力，而如何规划IT应用，如何选择集成的模式，供应链企业必须结合自身的实际状况和未来发展趋势来考虑。对于集成产品和服务平台，要着重考虑其功能点，其中主要包括BPM功能、业务流程管理功能、工作流功能、索引功能、基于GUI（图形用户界面）的数据转换映射以及校验功能、LDAP（一种目录服务协议）支持等。从总体上看，企业在供应链中集成相关信息技术，需要做好以下各项工作。

1. 认识集成服务平台

集成服务平台的基本概念涉及EAI、B2Bi等。EAI（Enterprise Application Integration，企业应用集成）主要是基于企业内部业务的应用集成，如CRM和ERP、ERP和SCM等，旨在将企业内部的多个不同数据源和分离应用系统进行协同自动化处理的应用集成。B2Bi（Business to Business integration，企业对企业的集成）侧重于不同企业之间的业务应用集成，将企业的业务延伸到企业以外的合作伙伴处，如分销商、零售商、供应商、物流运输商等。

2. 规划表示层的集成

表示层是系统的形象，是系统提供服务的窗口。表示层需要采用统一风格界面、统一用户入口，以增强系统的易用性，要重点解决多应用系统的单点登录问题和用户安全权限管理问题。表示层的集成，以Portal（门户）技术为主流。

3. 规划面向信息的集成

面向信息的集成，简称为数据集成，重点解决不同应用系统之间接口的转换以及数据交换问题，亦即数据流程和数据的一致性问题，特点是低成本和点到点固定应用集成，这是目前企业数据集成的常用方法。该模式分为三个层次。第一个层次：数据复制，特点是简单、低成本、易于实施，但是需要对系统业务内部有深入了解，固定应用。第二个层次：数据捆绑，将多数据库捆绑集成为一个统一视图的虚拟的数据库，特点是通过单一的预定接口访问各类应用系统，仍然使用方便的操作语言，而无须改变源数据和应用。第三个层次：面向接口，主要用来集成企业通用套件，如PDM、CRM、SCM等，其缺点是缺少一个集成框架，只能提供有限服务。

4. 规划面向过程的集成

面向过程的集成，通过元应用或业务过程和其他应用进行绑定，是信息集成的一种抽象，重点面向供应链网络企业解决业务流程问题。面向过程的集成的重点是实现企业业务集成的策略。

5. 规划面向服务的集成

面向服务的集成，主要是通过框架、事务、分布式对象以及其他机制，目前主要方向是通过Web services机制来提供企业内外应用集成业务，是基于服务的集成，允许动态的应用集成，具有公共业务逻辑的大规模伸缩性，可以通过网络平台，或者分布式服务器、中心服务器提供访问的方法。

6. 规划面向技术的集成

供应链信息系统会应用到多种技术，如GIS、GPS、工作流技术、消息驱动等，这些技术涉及集成信息系统的应用集成部分。使用这些技术时，企业需要通盘考虑每一项技术的应用范围和给其他应用带来的变动，并适当对元应用进行调整。

为了满足集成业务的需求，企业不仅需要在不同的IT供应商之间搭建桥梁，还需要在各种应用之间搭建无缝的接口。企业需要的不仅是一种集成产品，还是一个集成服务平台。

关键点提示

企业在供应链中集成相关信息技术时，企业需要做到：

1.认识集成服务平台；2.规划表示层的集成；3.规划面向信息的集成；4.规划面向过程的集成；5.规划面向服务的集成；6.规划面向技术的集成。

第3章

供应链信息系统开发常见问题

供应链信息系统开发是一个系统工程。企业在进行信息系统开发前，要对企业状况和现有信息系统进行详细的调查，并对调查所得的文档资料进行集中分析，在此基础上对企业的内部管理状况和信息处理过程进行分析，例如，分析业务和数据流程，业务和数据流程与实现管理功能之间的关系等。系统分析的目的就是确定企业的真实需求，并找出满足这些需求的解决方案，从而开发出一个适合企业生产经营现状、满足用户需求的多功能供应链信息系统，为企业管理者和其他相关人员及时、准确、高效地管理和控制信息提供一个便捷的平台。

3.1　如何进行供应链信息系统开发前的初步调查

> **工作场景描述**
>
> 当企业想了解在建设新的供应链信息系统前如何对企业目前状况进行初步调查时，可查看。

解读与分析

在建设新的供应链信息系统前，对企业当前状况进行初步调查，是进行供应链信息系统总体规划的前提。初步调查与系统详细调查不同，它侧重于粗略地了解企业当前概况，包括开发新系统的必要性、开发条件、存在的困难以及当前企业已有系统的概况等，主要包括以下内容。

1. 企业概况

（1）企业总体概况。企业总体概况涉及企业性质、目前规模、人员素质水平、生产设备和技术水平、资金状况和经济效益以及企业的发展前景（包括企业目前的经营活动已经达到的目标和未来发展方向等）。

（2）企业的生产、销售概况，主要包括企业产品的构成及其特点，生产类型及其特点，加工工艺流程，原材料品种、数量和供应情况，客户数量与分布，产品销售情况和前景等。

（3）企业组织状况，包括企业组织机构的构成、企业的管理体制和管理水平概况。

2. 已有信息系统概况

对已经建立信息系统的企业，要调查当前系统在工作质量、效率、安全性、可靠性方面的表现，及其功能优势和缺陷等；了解系统对企业的业务流程和工作内容是否适应，以及信息人员的素质和数量等。

3. 企业外部环境

企业外部环境对信息系统的开发有很大的影响，因此建设新信息系统前，要对企业外部环境进行调查，例如，与行业内其他参与者的竞争或协作对本企业的影响等。

4. 新系统开发条件

这部分工作是系统可行性分析的前期铺垫工作，主要调查企业决策层、各级管理人员对开发信息系统的态度，企业的经济基础，可以为系统开发提供哪些资源（人力、物力、财力），已有信息系统的不足之处及其在人员、设备方面可提供的支持等。

初步调查是对企业总体情况及其外部运营环境的概略调查，在此基础上，初步确定企业建立新信息系统想要达成的目标，提出几种可能的新系统开发设想和解决方案，为总体规划和可行性分析提供依据。初步调查一般由系统分析员、管理骨干人员和有关部门领导专门组成的调查小组负责。

关键点提示

在建设新的供应链信息系统前，对企业进行的初步调查的主要内容是：

1.企业概况；2.已有信息系统概况；3.企业外部环境；4.新系统开发条件。

3.2 如何进行供应链信息系统建设的可行性分析

工作场景描述

当企业需要进行供应链信息系统建设的可行性分析时，可查看。

解读与分析

在现代企业管理中，进行任何一项重大的投资活动之前，都要进行可行性分析，评估投资活动是否可行，是否能带来收益以及能带来多大收益。企业供应链信息系统是一项投资大、耗时长，同时风险也大的工程，因此开发之前必须进行可行性分析，以避免盲目投资。

企业供应链信息系统的可行性分析可以从以下几方面进行。

1. 必要性分析

一般说来，企业供应链信息系统的必要性分析分为三种，即显而易见的必要性、可以预见的必要性和看不见的必要性。显而易见的必要性很容易分析，比如，随着企业的发展、技术的更新，现有信息系统可能无法满足日常经营和管理的需要，于是就有必要进行新系统的开发，这种必要性是显然的。可以预见的必要性，分析起来就麻烦一点。这要求进行必要性分析的人员具有前瞻性的战略眼光，能根据企业和技术的发展状况，意识到如果不建设新的信息系统，将很难适应未来的经营环境。看不见的必要性是最难分析的，因为不建设新系统会对企业未来造成怎样的影响是不好的预测的。

企业建设供应链信息系统的必要性如果包含了上面三种中的至少一种，就说明建设新的信息系统是必要的。

2. 可能性分析

可能性分析主要是依据需求分析的结果，审查所提出的功能性需求和非功能性需求是否有实现的可能性，可以从技术、经济和社会三个方面去考虑。

（1）技术可能性。进行技术可能性分析时，首先要对目前的技术水平进行调查。所谓目前的技术水平，指的是已经比较普遍使用的技术的水平，而不是指尖端技术（如尚在实验室里研发的新技术）的水平。分析的主要内容是信息系统的需求是否可以在现有技术条件下实现。比如，现有的计算能力、通信能力、存储技术是否能满足需求等。

（2）经济可能性。在信息系统非功能性需求分析中，已经对企业信息化项目的成本提出了要求。这里所要考查的是，对于所估算出来的成本，企业是否有足够的预算来支付。

在估算成本时要遵循一个原则——宁高勿低，也就是不要低估了费用。在做成本估算时，人们常常会忽略一些重要的因素，使得最后的花费要远远大于当初的成本预算。这些比较容易被忽略的问题有：

①在预估购买硬件的费用时，常常考虑了计算机的花费，而低估了外围设备的费用；

②常常低估了购买软件的费用，软件的费用有时甚至会超过硬件，不可低估；

③在做成本预算时，常常低估了系统建成之后的日常维护性费用；

④忘记或低估了对企业员工进行技术培训的费用。

所有这些，都有可能造成对企业信息系统建设成本的低估，在进行可行性分析时务必注意，以将信息系统的建设成本控制在预算之内。

（3）社会可能性。建设供应链信息系统，仅考虑技术可能性和经济可能性是不够的，社会因素也是影响信息系统建设的重要因素。举两个例子，如果企业管理人员的管理理念跟不上时代的发展，他们对企业信息系统建设不支持、不理解，甚至反对，那么建设信息系统的条件就不成熟，要先做好他们的工作。再如，企业的员工素质比较低，不能在短时间内熟悉并操作信息系统，这时大范围地使用新技术是不现实的。因此，企业环境、社会环境对企业信息系统的建设是有很大影响的。

3. 效益分析

企业建设供应链信息系统总是希望能够给企业带来收益，因此进行可行性分析时，要对系统的产出效果进行预估。系统的产出分为两大类，一是直接的经济效益，这类效益是可以直接计算出来的，如信息系统的应用提高了员工的工作效率，减少了库存，加快了资金的周转速度等；二是间接的经济效益，如信息系统的应用提高了企业的管理水平，将员工从繁重的体力劳动中解放了出来，降低了劳动强度，而且提高了员工使用计算机的能力等。这些效益是不容易被计算出来的，但是可以根据情况对它们进行折合计算。总之，进行效益分析的目的就是看建设信息系统的收益能否大于信息系统的投资成本。

总之，企业要在需求分析的基础上，从以上三个大的方面来判断信息系统建设是否具有可行性。可行性分析结束之后，要形成可行性分析报告。在可行性分析报告中，要提出建设新系统的方案，方案应该不止一个，以便选择。可行性分析报告要提交信息系统的使用方进行审核。

关键点提示

供应链信息系统建设的可行性分析从以下几方面展开：

1.必要性分析；2.技术、经济、社会可能性分析；3.效益分析。

3.3　如何制订供应链信息系统的建设目标和开发策略

工作场景描述

当企业需制订供应链信息系统的建设目标和开发策略时，可查看。

解读与分析

在对企业当前状况进行初步调查的基础上，根据已有的系统目标、功能以及存在的不足之处，结合新提出的系统任务和要求，就可以初步确定供应链信息系统的建设目标了。正确分析企业建设供应链信息系统的目标是系统分析的重要内容。

1. 目标分析应遵循的原则

（1）总体目标优先。企业的目标往往是一个多目标系统，在确定供应链信息系统的建设目标不能影响其他目标的实现，要服从企业总体目标。

（2）目标层层分解。企业信息系统的建设目标具有树形层次结构，在进行目标分析时，应该将总目标和分目标自上而下展开，做到层次清晰，从而逐步具体化。

（3）下级目标为上级目标服务。下级目标是实现上级目标的途径和方法，上级目标为下级目标指出方向，即实现下级目标必须是实现上级目标的必要条件。

（4）各级目标要讲求合理性。目标不可定得过高，也不能定得过低。确定各级目标时，都应充分考虑目标的合理性、可行性，以促成系统总体目标的实现。

需要注意的是，在初步调查后确定的系统目标仅仅是初步的，供应链信息系统的最终目标必须经过系统分析阶段的详细调查，并对调查结果做认真分析后确定。

2. 企业供应链信息系统的开发策略

在企业供应链信息系统开发方面，目前主要使用“自上而下”和“自下而上”的方法，以及将两者相结合的综合方法。

（1）“自上而下”的方法。这种方法从企业的高层管理和整体目标着手，确定需要哪些功能去保证目标的完成，进而正确划分相应的业务子系统，并进行各子系统的具体分析和设计。步骤通常是：

①分析系统整体目标、环境、资源和约束条件；

②确定针对各项主要业务的处理功能和决策功能，以此为依据，确定各子系统的分工、协调和接口；

③确定每一种功能所需要的输入、输出、数据存储；

④对各个子系统的功能模块和数据做进一步分析与分解；

⑤根据需要和可能，为将要开发的子系统和数据库规定开发的先后顺序。

“自上而下”的方法强调从整体出发，由整体到局部，由上到下，由长期到近期，因此采用此方法开发出来的系统具有很强的整体性、逻辑性和环境适应性。此方法要求企业必须有较高的开发技术水平、充足的经费、强有力的组织保证。因此，此方法通常适用于开发技术力量强、实践经验丰富的企业。

（2）“自下而上”的方法。这种方法从各种基本业务和数据处理着手，即从企业的各个基层业务子系统（如薪金计算、订单处理、统计报表生成等）的日常业务处理开始，先实现一个个具体的功能（或称应用），逐步由低级到高级，自下而上地实现信息系统的总体目标。

此方法可根据企业资源情况逐步满足需求，一边实施，一边就可以见成效，所开发的各个应用子系统容易被识别、理解、接受和修改。

但是此方法从局部出发，不能在一开始就考虑到系统的总目标和总功能，所以在进行上层分析与设计时，常常要对下层子系统的功能和数据做较大调整。此方法适用于缺乏实际开发经验的企业。

（3）综合方法。在实践中，为了充分发挥以上两种开发方法的优点，往往将它们结合起来使用。例如，先利用“自上而下”的方法制订总体方案，然后在总体方案的指导下，利用“自下而上”的方法逐步实施各子系统的开发工作。

应用综合方法，可以得到一个比较理想的，耗费人力、物力、财力较少的信息系统。

在初步调查的基础上，将企业目标层层分解，就可以确定企业供应链信息系统的建设目标了。在实践中，企业可以根据具体情况，从三种供应链信息系统开发方法中合理选择适合本企业的方法。

关键点提示

1. 目标分析要遵循的四个原则是：

（1）总体目标优先；（2）目标层层分解；（3）下级目标为上级目标服务；（4）各级目标要讲求合理性。

2. 企业供应链信息系统的开发方法主要有：

（1）"自上而下"的方法；（2）"自下而上"的方法；（3）综合方法。

3.4　如何进行供应链信息系统需求分析

工作场景描述

当企业需在开发供应链信息系统之前对其进行需求分析时，可查看。

解读与分析

开发任何信息系统之前都有一个需求分析的过程。需求分析是指开发人员准确地理解用户的要求，进行细致的调查分析，将用户非形式化的需求陈述转化为完整的需求定义，再将需求定义转换为相应的需求规格说明的过程。供应链企业在进行供应链信息系统需求分析时，需要注意以下各点。

1. 认识需求分析的基本任务

需求分析的基本任务就是解决"做什么"的问题，就是要全面地理解用户的各项要求，并准确地表达所接收到的用户需求。供应链信息系统需求分析阶段的工作，可以分为以下四个方面。

（1）问题识别：就是从系统角度来理解软件，确定对所开发系统的综合需求，并提出这些需求的实现条件以及需求应该达到的标准。供应链信息系统的这些需求包括：

功能需求（做什么）、性能需求（要达到什么指标）、环境需求（如机型、操作系统等）、可靠性需求（不发生故障的概率）、安全保密需求、用户界面需求、资源使用需求（软件运行时所需的内存等）、软件成本消耗与开发进度需求等。

（2）分析与综合：逐步细化所有的软件功能，找出系统各元素间的联系、接口特性和设计上的限制，分析它们是否满足需求，剔除不合理部分，增加需要部分，最后，综合成系统的解决方案，给出要开发的系统的详细逻辑模型（做什么的模型）。

（3）制订规格说明书：即编制文档，描述需求的文档被称为软件需求规格说明书。请注意，需求分析阶段的成果是需求规格说明书，该说明书需要向下一阶段提交。

（4）评审：对功能的正确性、完整性、清晰性以及其他需求给予评价。评审通过才可进行下一阶段的工作，否则要重新进行需求分析。

2. 采用原型法进行需求分析

原型是软件的一个早期可运行的版本，它实现了目标系统的某些或全部功能。原型法就是尽可能快地建造一个粗糙的系统，这一系统实现了目标系统的某些或全部功能，但是可能在可靠性、界面的友好性或其他方面存在缺陷。建造这样一个系统的目的是考察某一方面的可行性，如算法的可行性、技术的可行性，或考察其是否满足用户的需求等。采用原型法进行需求分析的过程可以分为三个阶段。

（1）确定用户的基本需求。了解客户的需求，并确定哪些是可以做到的，哪些是做不到的，同时估算模型开发的成本费用。

（2）利用原型来认清客户的需求，明确尚不能满足的需求，一方面记录系统的不足，另一方面借势诱导，彻底搞清用户的真正需求。

（3）修正和改进系统。对系统有缺陷的地方进行修正，改进和优化系统，使系统性能、结构趋于完善，从而更好地满足用户的需求。

3. 采用结构化方法进行需求分析

结构化方法简称SA法，是面向数据流进行数据分析的方法，分析的过程是自顶而下、逐层细化、由抽象到具体的过程。顶层抽象地描述整个系统，底层具体地画出系统工程的每个细节，中间层则是从抽象到具体的过渡。其使用数据流图、数据字典作为描述工具，使用结构化语言、判定表、判定树描述加工逻辑。采用结构化方法进行需求分析的过程分为以下四个步骤。

（1）了解当前系统的工作流程，获得当前系统的物理模型。

（2）抽象出当前系统的逻辑模型。

（3）建立目标系统逻辑模型。

（4）做进一步的补充和优化。

4. 考虑信息的采集、加工处理、存储及输出和发布

多数情况下人们都是把数据理解为原始数据、事实的记录，而把信息理解为经过整理加工后所得到的有用的数据。供应链信息系统需求分析涉及以下信息加工处理过程。

（1）信息的采集过程。在供应链信息的采集过程中，企业要特别重视收集数据手段的完善性、准确性、及时性。需求分析中企业要确认采集录入手段是否方便有用，有哪些检验功能，对数据收集人员和录入人员的技术有何要求，整个数据收集与录入的组织是否严密完善。

（2）信息的加工处理。信息加工涉及的范围很大，通常从简单的查询、分类排序、归并一直到复杂的模型调试及预测等。现代信息系统在这方面的功能越来越强，尤其是面向高层管理者的信息系统，如供应链决策支持系统，更多地运用了数学及运筹学等工具和方法，从而大大增强了信息加工能力。

（3）信息的存储。通过整理或加工，得到有用的信息后，企业要将这些信息存储起来。这时企业要考虑信息的冗余以及安全性、易用性、一致性等内容。

（4）信息的输出和发布。系统的最终目的是为管理人员提供科学信息，因而输出信息的形式或格式以及用户是否方便使用至关重要，应将系统输出手段、输出结果是否醒目直观和简单易用作为需求分析考虑的内容。在供应链信息系统中，企业要考虑以声音、图表等多种形式输出信息。

5. 考虑系统安全策略

现代企业信息系统要求具有很强的安全监控能力，既能抵御外部侵扰，又能根据信息保密程度，对内部用户进行权限控制。供应链管理系统应采用系统整体安全策略，从用户意识、网络系统、应用系统等各个方面来最大限度地保证信息系统安全运行。在需求分析阶段，企业要着重分析各级领导、系统管理人员和所有用户的安全意识，构建系

统安全策略。

进行供应链信息系统需求分析时，企业还要分析事务处理能力需求的合理性、分析决策功能需求的合理性，找出关键需求，制订出解决问题的初步计划。

关键点提示

进行供应链信息系统需求分析时，企业需要注意：

1.认识需求分析的基本任务；2.采用原型法进行需求分析；3.采用结构化方法进行需求分析；4.考虑信息的采集、加工处理、存储及输出和发布；5.考虑系统安全策略。

3.5 如何进行供应链信息系统的功能需求分析

工作场景描述

在开发供应链信息系统前，当企业需要分析信息系统的功能需求时，可查看。

解读与分析

在进行系统可行性分析之前，首先要对信息化项目的需求进行分析。调查显示，信息系统中15%的错误起源于错误的需求，而且由于信息系统错误的积累及其放大效应，在系统生命周期后期引入一个变动比在前期引入相同变动所付出的代价高2~3个数量级。因此，确定供应链信息系统的综合需求，提出需求的标准以及实现这些需求的条件，是信息化项目开发前的重要工作。这些工作应该由企业或者项目团队组织完成。

信息化项目的需求分为功能需求和非功能需求两部分。功能需求是一个信息化项目最主要的需求。其主要工作是明确信息系统需要具备哪些功能，然后将这些功能逐步细化，提出信息系统建设的具体需求目标，并考查实现这些需求目标的条件是否具备等。

企业的高层管理者需要从全局的角度对供应链信息系统功能需求分析工作做出指导。

1. 功能需求分析的类型

功能需求分析的目标旨在便于企业以及系统开发团队更好地开展工作，我们将系统功能需求分析看作一项工程，并称之为需求工程。它又可以划分为需求开发和需求管理两部分。

（1）需求开发。需求开发可进一步分为问题获取、分析、编写规格说明和验证四个阶段。需求开发包括了信息系统需求分析中的需求获取、评价、编写需求说明文档等活动。

（2）需求管理。需求管理的主要任务是建立和维护与用户达成的需求协议——用户与系统分析员就系统功能需求达成的一致理解。这种协议要在编写的需求说明文档与设计的系统模型中得到体现。需要注意的是，系统分析员不但要真正获取用户的需求并记录下来，形成需求说明文档，还要得到开发人员对该文档的认可。只有这样，才能真正把需求应用到信息化产品中。

2. 功能需求分析的任务

就企业信息化项目而言，开发人员如果不能编写出用户认可的需求说明文档，就不知道用户最需要的是什么，他们开发出的系统也就无法满足用户的需求。因此，功能需求分析的主要任务是编写出一份用户与开发人员都认可的需求说明文档。

我们常常发现，编写一份详细的技术需求说明文档是非常困难的。详细的技术需求说明文档中应包括所有面向用户、机器和其他软件系统的接口。对这些接口，开发人员需要周密考虑，因为一旦发生错误，将会给系统带来极大损害，并且错误一旦形成，再对它进行修改，将极为困难。

3. 功能需求分析的技术

这里的功能需求分析的技术，指的是基本定义技术，它用一种语言对系统进行精确的描述，从而帮助系统分析员全面地了解系统需要解决的问题。企业的领导者或者信息化项目的负责人并不需要亲自去做功能需求分析，但是系统分析员或许会需要相关指导，因此掌握这种分析技术是必要的。

基本定义技术主要关注系统的六个重点，即：

①客户，系统活动所影响到的人；

②行动者，导致变化的动因或代理人；

③变化状态，产生的变化；

④世界观，它与人的价值观有关；

⑤所有者；

⑥系统所处的环境。

确定系统的基本定义主要用于解决以下问题。

（1）企业信息系统的使用者和分析员通常是站在不同的角度，甚至是对立面看待问题的，他们眼里的“客户”指的有可能是不同的人。同样，来自不同部门或群体的人，如未来信息系统的管理者和使用者之间也有可能存在分歧。因此，详细地列出所有参与需求分析的个人的观点有助于正确识别不同意见，确定系统的真正需求。

（2）为下一步构造系统概念模型奠定基础。如果在这一步工作结束时对定义还有不同看法就转入下一阶段工作，很可能会使后面的工作变得十分被动。对系统概念模型不同的理解，甚至可能导致返工的后果。

4. 功能需求分析的目标

我们进行功能需求分析，编写需求说明文档的唯一目的是为系统开发做准备，建立信息系统概念模型。系统概念模型可以用活动图或其他图示技术显示由基本定义所描述的系统是“做什么”的，系统中的各种活动是如何互相影响的，或在逻辑上应该如何安排和联系。

在需求分析阶段，我们并不关心系统将如何建立。通常每个基本定义都有一个概念模型，而且若干基本定义和概念模型的建立是个反复讨论和修改的过程，直至得到一个系统使用者和分析员都同意的基本定义和概念模型。这意味着双方对复杂问题情景（也就是用户需求）的共同理解和妥协。信息系统的功能需求又可分为软件需求和组织需求。软件需求和组织需求是相互联系、相互影响的。某一种需求发生较大变化时，就需要对另一种做出调整。例如，信息系统的运行使得原有作业流程中某两个工作岗位的职能发生合并，这会引起该流程中人员结构的变化，即软件需求的变化导致了组织需求的调整。

5. 功能需求分析的风险

功能需求分析工作的好坏会直接影响到系统将来的功能是否能满足用户的需求。如果不对需求分析工作加以重视，将会对信息化项目的成果产生巨大的危害。在需求分析过程中，系统分析员和用户或许并不能意识到自己的行为会为系统带来多么大的风险。企业信息化项目的领导者需要及时察觉并规避这些风险，以保证项目最终成功实施。领导者应重点关注开发人员在系统开发过程中是否犯了以下错误。

（1）对用户参与缺乏兴趣。需求分析工作需要用户的全力配合，但是我们常常发现用户不太愿意参与需求分析，系统开发人员也对用户参与缺乏兴趣。产生这种情况的原因往往是用户与开发人员都没有意识到需求分析的重要性，也可能是开发人员认为用户不懂开发，或者开发人员觉得已经完全了解了用户需求。

在没有足够用户参与的情况下，所获取的用户需求通常是片面的、不完整的。领导者一旦发现有出现这种问题的倾向时，就要采取必要的干预措施，比如向用户和开发人员强调需求分析的重要性，或者让具有代表性的用户在系统开发早期直接参与到开发工作中，并经历整个开发过程。

（2）没有控制用户需求范围。在需求分析中，用户的需求可能越来越多，以致大大超出了项目规划和预算范围，到最后发现企业所做的项目计划完全不能满足用户的需求，这个时候项目也就无法进行下去了。因此在充分获取用户需求的同时也要对用户需求范围进行控制。

为了控制用户需求范围，在项目规划阶段就必须对项目范围、目标、约束限制和成功标准给予明确说明。在用户需求变更时，严格按照这些说明来考查，以决定是否要增加用户需求。这样不但能减少用户需求变更的次数，控制项目范围，还能防止因盲目变更用户需求而导致项目质量下降。

（3）作出有歧义的需求说明。对用户需求的描述要精确，有歧义的用户需求说明是要力求避免的。有歧义的需求说明会使开发人员为错误问题而浪费时间，使测试人员与开发者对系统功能的期望不一致，使系统的功能与用户真正的需求之间产生偏差。

因此建立一支从不同角度审查用户需求的队伍是非常必要的。让不同的审查人员从不同的角度对用户需求给予解释，这样做的好处是可以尽早发现具有歧义的用户需求，以防项目实施后期付出更大的代价。

（4）需求说明文档（需求规格说明书）过于简单。过于简单的需求说明文档会导致开发人员很难把握用户的确切需求，也会导致用户最后使用的系统不能满足他们的需求。因此，需求说明文档要尽量详尽，至少能将用户需求明确地表达出来。

（5）避免画蛇添足的功能。画蛇添足的功能是指系统开发人员有时候会增加一些用户欣赏而需求说明文档中并未涉及的新功能。可能这些功能对用户来说并没有什么实际的用处，这就会造成开发人员时间和精力上的浪费。而且，开发人员自作主张可能会招致一些用户的不满。面对用户的一些无实际意义的需求，开发人员需要慎重考虑。

为了避免开发人员画蛇添足而造成资源的浪费，领导者应该在他们陈述功能需求的时候提出这样的问题：你明白为什么要在系统中设置这些功能吗？这些功能是基于什么提出来的？这样可使得需求分析过程始终聚焦在那些能使用户完成他们业务任务的核心功能上。

（6）忽视了用户分类的重要性。在一个企业中，不同部门的人员或者不同层次的用户对信息系统功能的需求是不同的。系统的某些功能只会被一部分特定人员所使用。例如，财务人员最常用的是财务子系统，而生产部门会使用生产子系统。因此，对用户进行分类，针对不同的用户来设计系统功能是非常必要的。此外，用户的素质和受教育程度不同，也会导致不同用户对系统功能产生不同的需求。如果开发人员不能在系统开发的早期就对用户进行分类，根据用户的不同需求来设计系统功能，必然会导致有的用户对企业的信息系统感到失望。

以上错误中的任何一种，都有可能给项目的成功实施带来极大危害。这里的“成功”，是指信息化项目的最终交付成果能以合理的价格、理想的功能、优异的质量完全满足用户的期望。这些错误必须引起领导者的足够重视。

信息系统的功能需求分析决定了系统的结构与功能，这是一项重要的基础性工作。需求分析有多种技术可以选择，企业建设供应链信息系统时具体采用什么技术，需要根据信息系统的性质做出恰当选择。如果需求分析偏重系统的功能和结构分析，则可选择SA方法（结构化方法）；若需求分析偏重系统的数据结构分析，则可选择ER模型（实体联系模型）分析技术。在与用户共同细化功能需求或行为需求的同时，要提出对现有系统的改进措施，并反映在需求说明文档中，从而为今后的系统设计及优化现有系统打下基础。

关键点提示

供应链信息系统功能需求分析的要点如下：

1.功能需求分析的类型；2.功能需求分析的任务；3.功能需求分析的技术；4.功能需求分析的目标；5.功能需求分析的风险。

3.6　如何做好用户需求信息获取工作

工作场景描述

当企业进行系统需求分析，需要获取用户需求信息时，可查看。

解读与分析

在需求工程中，用户需求信息的获取是最基本也是最主要的工作。用户需求信息获取工作一般直接由系统分析员来承担。但是实践证明，许多系统分析人员并不能很好地胜任这项工作。究其原因，要么是分析人员自身缺乏用户需求信息获取的技巧，要么是其与用户配合出现问题。不管是企业普通员工还是系统分析人员，如果缺少方法和技巧，都将很难开展用户需求信息获取工作。企业信息化项目的领导者需要恰当地启发引导用户准确表达自己的需求，也需要保证用户需求信息获取人员具有良好的沟通技能。

1. 用户需求信息获取的主要方法

用户需求信息获取的过程，实际上就是收集各类原始资料的过程。在长期的信息化实践中，人们发现了许多获取需求信息的有效方法。领导者可以根据企业的实际情况，安排工作人员选用下面的方法。

（1）查阅资料。安排需求信息分析人员对企业拥有的各种文字资料进行查阅，对这些文字资料进行研究，明确它们的作用，比如，企业的各类表格、报告、手册以及岗位职责规范、操作规程、工作流程说明、专业书籍等。领导者需要提醒系统分析人员尤其注意研究企业的操作规程和专业书籍，掌握企业的业务流程和专业术语，减少因术语理解偏差而降低获取的用户需求信息准确度的情况。

（2）实地调查。实地调查就是系统分析人员到企业的各个部门去观察各项工作是如何开展的，人员是怎么安排的，业务流程是怎样进行的等。实地调查可以使系统分析人员获得一手资料，但是耗费时间长、成本高。实地观察时要遵循一些原则，如旁观者原则（多观察，少说话）。

（3）问卷调查。发放调查问卷是获取用户需求信息常用的方式。用问卷进行调查的优点是：比面对面访谈节省时间；不需要很高的专业技术水平；可以大规模进行；对于问卷上的问题，用户有足够的时间认真思考后再回答。缺点就是设计一份很好的用户需求调查问卷并不是一件容易的事情，而且对于问卷上的问题，如果填写者不认真作答，调查质量很难保证。

（4）业务需求专题报告。对于比较复杂的用户需求，或者系统需要重点满足的用户需求，为了得到更系统、更有逻辑和更完整的用户需求分析结果，企业可以请有工作经验的人员为系统分析人员做专题报告，介绍有关业务流程、用户需求等多方面的内容，这对于提高系统分析效率很有意义。

（5）面对面访谈。用户需求信息获取可能是软件开发中最困难、最关键、最易出错和最需要交流的方面。访谈是获取需求信息最重要的途径，因为访谈时有机会采取各种灵活的方式收集用户需求信息。只有进行有效的访谈，用户需求分析才有可能成功。访谈有以下主要步骤：

①准备访谈提纲；

②对用户进行分类，选择访谈对象；

③建立访谈环境；

④进行访谈；

⑤做好访谈记录并对记录进行整理；

⑥确定访谈何时结束。

在以上所讲到的五种方法中，企业在开发信息系统时可以选择使用其中几种，一般来说，面对面访谈是必须要选用的方法。面对面访谈对系统分析人员的要求很高，下面我们将会介绍领导者该如何帮助系统分析人员学会这些技巧。

2. 对用户需求信息获取人员的培训

用户需求信息获取工作不但需要系统分析人员查阅资料、实地调查，还需要其与用户进行面对面的交流。在需求工程中，需求信息获取阶段是系统开发人员和用户（即企业员工）交往最多的一段时间，这对分析人员的交流方法和沟通技巧通常有较高的要求，而这恰恰是很多信息化项目团队工作人员所缺少的。因此，领导者需要向用户需求信息获取人员传授一些访谈中的交流和沟通技巧，以帮助他们更有效地开展工作。

访谈的好处是可以亲身感受访谈对象的心理感受和动机，这种方法更加依赖于系统分析人员采集信息的经验和技巧。因此，访谈前，领导者需要确认系统分析人员掌握了下面这些关键技巧，否则就要对其进行相关培训。

（1）选择访谈对象的技巧。选择访谈对象时，可以从每种用户类型中选择代表，他们必须是同类用户所支持的人选。选择的访谈对象要合理，样本不能太小。只从极少的代表那里收集信息或者只听到最有舆论影响力的用户的声音，显然会对用户需求信息的获取产生不利影响。如果采用讨论会的形式，把人数控制在57人是最好的，因为人数过多会造成讨论时间的拖延。

（2）理解用户真正需求的技巧。用户可能会有些没有表达清楚但又想让系统分析人员理解并接受的需求。这些需求一般来说是很难发现的，这就要求用户需求信息分析者必须透过访谈对象所提出的表面需求理解他们的真正需求。要从字里行间去理解受访者的回答或者提开放式的问题，这有助于分析人员更好地理解受访者目前的业务流程，获知新系统如何帮助他们改进工作。此外，调查时对用户提交的问题进行换位思考，也许能更好地理解用户的想法。这些都是系统分析人员需要掌握的技巧。

（3）维护人际关系的技巧。系统分析人员在与受访者交谈时，气氛要融洽，尽量记住他们的姓名、职务、爱好等，在访谈中感到疲劳时可聊一些轻松的话题，拉近与受访者的距离，和用户成为朋友。

（4）注意提问的技巧。有些时候，直接要求受访者说出他们从事的业务是如何开展的，他们会觉得很困难。这时系统分析人员可以提出一些引导性的问题，这样他们才能滔滔不绝地谈论自己的业务，这时需求分析人员要在旁边聆听并做好记录。领导者要提醒系统分析人员在访谈中时刻记住自己是旁观者的角色：自己是来听受访者的想法的，而不是来争论或者辩论的。

（5）需求描述的技巧。对受访者的需求描述必须是严谨的，要讲求记录的完整性、准确性、可检验性等。“系统应在2秒之内提供历史信息”，这条需求信息是不完整的，因为没有说清楚历史信息是什么（是企业的财务历史信息还是物料需求信息？），也没有规定历史信息是哪个时间范围之内的（是一年以来的历史信息，还是一个月之内的历史信息？），更没有说明这些历史信息该以什么方式提交给信息系统的使用者。我们称这条需求信息是不可检验的。如果系统分析人员没有经验，他们对受访者需求的描述很可能就是不可检验的，领导者需要在他们开展工作之前对他们进行需求描述方面的专业培训。

用户需求信息获取是供应链信息系统需求分析中最重要的工作。在这个阶段，系统分析人员需要与信息系统的未来使用者们进行广泛而深入的交流，以明确他们的需求，为系统的可行性分析、系统设计与开发提供支持。

关键点提示

要想做好用户需求信息获取工作，需要掌握：

1.用户需求信息获取的主要方法；2.对用户需求信息获取人员的培训。

3.7 如何进行供应链信息系统的非功能需求分析

工作场景描述

当企业需要进行供应链信息系统非功能需求分析时，可查看。

解读与分析

人们在进行需求分析的时候，关注的常常是功能需求，非功能需求往往被忽视。实际上非功能需求对于保证信息系统正常、高效运行是非常重要的。

供应链信息系统的非功能需求分析主要有以下几种。

1. 系统性能需求分析

系统性能需求分析的任务是要明确所开发的信息系统的技术性能指标，如系统的运行时间限制、网络传输速度要求、硬件的存储容量限制、系统安全指标等。

2. 系统运行环境需求分析

这可以从系统运行的软件和硬件环境两方面来进行需求分析。软件环境需求包括使用什么系统软件来支持信息系统的运行，具体的如操作系统、数据库管理系统、网络软件等，对它们都需要提出明确的需求。硬件需求方面，包括系统运行需要多快的运算速度、选择什么机型来支持运行、需要哪些外部设备等。这些都要在需求分析阶段提出来，从而为可行性分析提供资料。

3. 稳定性需求分析

系统运行过程中，各子系统有可能因出错而崩溃。由于各项业务对企业的重要性不同，各子系统崩溃所造成的影响和损失也不同，所以在进行需求分析时，应该在调查系统运行环境的基础上，对企业信息系统的无故障运行时间做出规定。对于那些出错后可能造成严重后果的子系统，企业要提出较高的稳定性要求。这样在系统设计和开发时，就可以采取各种措施来保证系统长时间安全稳定运行了，并给出系统出错时的补救措施，如数据备份、系统恢复等。

4. 安全 / 保密需求分析

不同的信息系统对安全/保密的要求是不同的。银行系统就要求有很强的安全性，要求能够应对各种有意或无意的攻击和破坏，还要能够对其存储和传输的数据进行保密，而有的系统就不需要这么高的要求。因此，在需求分析阶段，要对安全性和保密性做出规定，这样就可以在系统设计和开发时采取相应的措施，以满足系统运行的需要。

5. 灵活性需求分析

灵活性也叫系统的可扩展性。进行需求分析时，企业可以预先提出系统可扩展性的需求，考虑可扩展性的系统，以便将来在需要时进行扩充和修改。

6. 成本需求分析

企业用于信息系统建设的资金是有限的，因此，企业在信息化前不得不考虑成本的问题。制订一个详细的成本计划，严格按照计划执行，才能保证花最少的钱，办最多的事。

7. 系统开发进度需求分析

为保证企业信息系统的建设能够按时完成，在需求分析阶段就要提出系统开发的进度需求，明确各步骤需要的时间。

非功能需求分析是需求分析的一部分，涉及面非常广，不容忽视。企业在进行信息系统非功能需求分析时，要根据本企业信息系统的建设目标和工作环境来合理确定上述指标。

关键点提示

供应链信息系统非功能需求分析的内容主要包括以下几方面：

1.系统性能需求分析；2.系统运行环境需求分析；3.稳定性需求分析；4.安全/保密需求分析；5.灵活性需求分析；6.成本需求分析；7.系统开发进度需求分析。

3.8 如何进行组织结构与功能分析

工作场景描述

当企业需要进行组织结构与功能分析时，可查看。

解读与分析

如果企业供应链信息系统可行性分析结果显示是可行的，那么就要着手进行正式的信息系统分析了。

在系统分析中，对企业组织结构和功能的分析是相对简单的，主要内容包括三方面，即组织结构分析、组织与业务关系分析以及业务功能分析。

1. 组织结构分析

进行组织结构分析的目的是要揭示企业内部部门之间的隶属关系，一般用组织结构图来表示，这张图应该是一种树状结构图。绘制组织结构图的时候，要注意将组织内各部门之间的关系全面准确地反映出来。

2. 组织与业务关系分析

组织结构图可以反映一个企业中各部门之间的隶属关系，但是图中各部门之间联系的程度，各部门的主要业务、职能及其所承担的主要工作等却很难反映出来。这将会为后来的业务流程分析、数据流程分析等带来困难。因此，企业常常需要用组织与业务关系表来将这些内容反映出来，如下表所示。

组织与业务关系表

组织 业务	组织 1	组织 2	组织 3	组织 4	……
业务 1					
业务 2					
业务 3					
业务 4					
⋮					

3. 业务功能分析

企业组织结构图中的每个部门都负责着许多业务。这些业务并不一定能依各部门的名称来判断由哪个部门负责，因为企业组织结构一般是依据企业最初的业务职能来划分的。企业要生存发展，总是会不断地扩展新的业务。因此，企业中的某些部门的业务范围会不断扩大，这些部门的功能会越来越多。当某部门的某些新业务发展到一定程度时，就需要改变组织结构来适应这种变化。比如，将某部门负责新业务的人员分离出来，形成一个新的部门，专门负责新业务。这样的例子很多，例如，联想集团原来没有笔记本电脑的生产和销售业务，后来随着市场的发展，笔记本电脑业务逐渐发展起来，为适应这种发展和变化，联想集团设立了专门的部门来负责这个市场。对于企业来说，企业组织结构未来会产生怎样的变化是难以预测的，所以我们可以将企业的业务功能作为主线来设计信息系统，这样当组织结构发生变化时，系统的适应性就会比较强。

在信息系统分析中，常常采用的是“自上而下”的结构化分析方法。在进行了需求分析和可行性分析之后，首先将业务流程和数据流程分析清楚，然后才能提出信息系统应采取的具体方案。组织结构和功能分析就是要为企业的业务流程和数据流程分析做准备。

关键点提示

企业组织结构和功能分析主要涉及三方面的工作：

1.组织结构分析；2.组织与业务关系分析；3.业务功能分析。

3.9 如何进行业务流程和数据流程分析

工作场景描述

当企业需要进行业务流程和数据流程分析时，可查看。

解读与分析

在将企业的业务功能详细地描绘出来之后，要在此基础上利用业务流程分析将企业业务处理过程中的每个步骤都用图示的形式表达出来。这是因为，业务流程分析可以帮助我们了解企业究竟是如何处理一项业务的，从而帮助我们发现和弥补信息系统调查工作中的错误和疏漏之处。同时，业务流程分析还可以使我们认识到旧的信息系统存在的不足，以及如何利用新的信息系统来优化企业业务处理过程等。业务流程分析一般使用业务流程图来完成。

数据是信息系统处理的主要对象。在进行业务流程分析之后，就要进行数据流程分析了，也就是把数据在组织内部的流动情况抽象地分离出来，而不再考虑组织结构、数据载体、处理工具等，单从数据流动过程的角度来考察业务的数据处理模式。数据流程分析多使用数据流程图来实现。

1. 业务流程分析

业务流程分析，实际上就是用图形来反映实际业务的处理过程。业务流程图有很多种绘制方法，其目的都是一致的，就是准确地反映企业的业务流程，只是所用的图形符号有些差异。

（1）业务流程图的基本符号。

一般来说，基本符号都比较简单，如用圆圈表示业务处理单位，用方框表示业务处理内容，用报表符号表示报表、文件、报告、图形等输出信息，用两边方框表示存储文件，用卡片符号表示收集的资料，用带箭头的连线表示数据传递过程，等等。

（2）业务流程图的绘制。

绘制业务流程图时，要使用系统调查和需求分析阶段所获得的资料，按业务实际处理过程将它们描绘出来，要注意正确使用基本符号。在每张图上标明图例，即每张业务流程图上都要标明业务名称、流程所属的单位名称、制图人、核对人、制图日期等。

2. 数据流程分析

数据流程分析的目的是要发现和解决企业数据流动中的问题，比如数据处理流程不畅、数据处理过程不合理等。

（1）数据流程图的组成。数据流程图由四个基本部分组成，即数据流、加工处理、数据存储和数据源／去向。

①数据流。数据流简记为F，表示数据的流向。数据流可以是企业的计划、单据、报表的传递，也可以是通信线路中的数据传输。

②加工处理。加工处理简记为P，是对数据的操作。这种操作分为两类，一类改变数据结构，即变换数据的组成，另一类是在原有数据的基础上形成新的数据。

③数据存储。数据存储简记为D，是存储企业数据的地方。企业中各种存储数据的介质都可以标记为D，比如，电子化的数据文件或数据库以及传统的手工文件等。

④数据源／去向。数据源／去向简记为S，它表示的是数据的来源／目的地。数据的来源／去向可以是系统界限之外的一个组织、部门或人，被称为外部实体。之所以要确定数据源／去向，是因为这相当于确定了系统与外部环境之间的界限，从而就能确定系统的范围。

（2）数据流程图的绘制步骤。数据流程图的优点是由表及里地解决问题，先弄清楚系统的输入／输出要求，然后一步一步地深入系统内部。绘制数据流程图可以分为以下几步：

①根据系统调查和需求分析的结果，确定系统的输入输出，从而绘制系统的顶层数据流程图；

②分解顶层数据流程图的加工处理过程，绘制一级数据流程图；

③对一级数据流程图进行调整，并将其分解、扩充，得到完整的系统性的流程图。

绘制好数据流程图之后，要由企业的决策者组织员工对其进行讨论和分析，并提出修改意见。企业业务流程分析和数据流程分析是供应链信息系统分析中非常复杂的工作。绘制企业业务流程图可以帮助企业发现问题，找出不足。在分析企业数据流程的过程中，可以发现和解决企业数据流动中的问题，一个通畅的数据流程是企业供应链信息系统进行业务处理的基础。

关键点提示

对企业进行业务流程分析和数据流程分析时，要记住：

1.企业业务流程图的基本符号；2.数据流程图的四个组成部分；3.绘制数据流程图的三个步骤。

3.10　供应链信息系统的开发模式有哪些

工作场景描述

当企业需要选择供应链信息系统的开发模式时，可查看。

解读与分析

近年来，随着计算机技术和网络技术的迅猛发展，供应链信息系统的开发模式也处于不断的发展变化之中。一些旧的开发模式渐渐被淘汰，同时产生了一些更适合目前技术水平的新开发模式。那么，供应链信息系统的开发模式有哪些呢？

1.C/S 模式

（1）C/S模式的结构。这种模式系统由两部分组成，即客户机和服务器，它们一般分别由普通微型计算机和功能更强大的计算机担任。当信息系统的用户向系统提出请求时，如果客户机可以满足请求，就直接将结果反馈给用户，否则，就将用户的请求提交给服务器来处理。

服务器在后台对用户的请求进行处理，然后把结果返回给客户机，客户机再将其显示给用户。采用C/S模式的好处是许多重要的资源都存储在服务器上，可以保证数据的完整性和一致性，并且此模式可以保证均衡地处理企业事务。

（2）C/S模式的不足。C/S模式是从20世纪80年代逐步发展起来的，随着技术的发展以及企业对信息系统的“总体拥有成本”提出要求，该模式表现出了一些不足，主要表现为以下几点。

①开发和维护成本高。随着C/S软件的不断升级，对硬件不断提出新的要求，导致开发成本过高。同时，由于每个客户机都需要安装相应的应用程序，在系统升级或维护时，每个客户机都要更新，日常工作比较烦琐。

②兼容性差。C/S模式可以使用不同的工具开发系统，但其兼容性能比较差，用一种工具开发的系统不能移植到其他平台上运行。

③较难推广。每台客户机所装的子系统软件可能会有所不同，用户使用起来会觉得界面风格、操作方法不一样，因此不利于推广。

2.B/S 模式

B/S模式以WEB技术为基础，随着网络平台的发展，这种模式越来越多地被应用于大型的信息系统中。

（1）B/S模式的结构。B/S模式系统由浏览器、WEB服务器、数据库服务器三部分组成。这种结构的核心是WEB服务器，它的作用主要是接受远程或本地的查询请求，然后到数据库服务器上去获取相关的数据，并把结果以HT/11或其他页面描述语言的形式传送给用户。用户使用一个浏览器即可提交请求和获得结果，而不再需要各种各样的应用软件。

（2）B/S模式的优点。

①对客户端要求低。只需要安装浏览器，用户会使用浏览器软件就可以上网操作，对用户的要求非常简单。

②维护费用低。由于客户端只是一个浏览器，所以对系统的开发、维护、升级基本上是在服务器端进行，从而可以大大减轻开发和维护的工作量。

③方便接入网络平台。由于B/S模式可以直接接入网络平台，不但系统的扩展性好，而且可以共享网络上的丰富资源。

3. 混合模式

所谓混合模式，就是把C/S模式和B/S模式结合起来。面向大量用户的系统模块采用B/S模式；而要处理较大数据量、安全性要求较高或者交互性强的功能模块，则采用C/S模式。

混合模式的好处是可以充分发挥C/S模式和B/S模式的优点。不论是C/S模式、B/S模式还是混合模式，都有自身的优势和不足。C/S模式可以提供较强的安全性，保证数据的完整性和一致性，适用于建设处理数据量大、数据查询灵活的系统。而B/S模式适用于建设面向大量网络用户的系统。

关键点提示

选择供应链信息系统的开发模式时应注意以下几点：

1.C/S模式系统由客户机和服务器组成；2.C/S模式开发和维护成本较高、兼容性差、不便推广；3.B/S模式系统由浏览器、WEB服务器和数据库服务器组成；4.B/S模式具有对客户端要求低、维护费用低和方便接入网络平台等优点；5.混合模式可以综合C/S模式和B/S模式的长处。

3.11 如何选择供应链信息系统的开发方式

工作场景描述

当企业要决定以何种方式开发企业供应链信息系统时，可查看。

解读与分析

信息系统有多种开发方式，目前采用比较多的共有四种，即自主开发方式、委托开发方式、联合开发方式和购买软件包。这四种开发方式对企业所具备的条件以及开发费用等的要求是不一样的，企业要根据自身情况加以选择。

1. 委托开发

委托开发是指聘请开发团队为企业建设信息系统，但是在开发过程中，需要企业的业务骨干参与系统的调研、分析、论证工作。需要注意的是，由于是外部团队负责开发，因此在开发过程中企业需要不断地与之进行交流和沟通，消除双方对企业需求认识上的偏差，并及时检查开发过程是否按照企业的要求进行。

委托开发更深一步的操作是外包。委托开发多是进行一次性的系统开发，外包则有可能是一个长期的系统开发过程，因为外包可能需要开发者来负责信息系统的日常管理和维护。

委托开发主要面向开发力量较弱、资金较充裕的企业。此种方式的优点是节省时间和人力资源，开发出的系统具有较高的技术水平，但是存在费用高、需要开发者提供长期技术支持的缺点。

2. 自主开发

如果企业拥有很强大的信息技术专业人才队伍，则可以选择自主开发的方式来建设信息系统。由于是企业内部人员开发，所以可以节省大量的开发费用。同时，企业内部人员只要熟悉企业的工作流程，把握好企业的真正需求，就一定能够开发出满意度较高的信息系统。由于自主开发人员是从企业各部门抽调出来的，并非专业开发人员，所以可能会产生信息系统不够优化、专业技术水平低等缺陷。同时由于开发人员分属不同部门，系统开发成功之后，人员仍回原部门，故可能会造成系统维护上的困难。一般来说，进行自主开发时可以考虑聘请专业人士或公司作为开发顾问。

3. 联合开发

如果企业自主开发有困难，但是又有一定的信息技术人员，此时可以采取联合开发的方式。这种方式也是聘请专业开发人员开发信息系统，但是在开发过程中本企业的信息技术人员也参与开发工作。联合开发方式明显的优点是可以锻炼本企业的信息技术人员，有利于后期的系统维护工作，同时也可以节约一部分资金；缺点是外聘的专业技术人员和本企业的信息技术人员有可能产生互相推诿、扯皮现象或沟通不畅的情况。企业的高层管理者一定要及时杜绝这种现象的产生。

4. 购买软件包

当前，许多专业的信息系统开发企业已经面向某些业务开发出大量功能强大的信息系统软件，企业可以根据自己的需要和实际情况购买。这样做的优点是在短时间内就可以获得企业需要的系统，而且能节省大量的开发费用，所购买的系统专业化程度也很高；缺点是系统的专用性比较差，需要根据企业的情况进行二次开发，如改善软件功能、设计接口等。

不同的开发方式，对企业人员、资金等有不同的要求。企业在选择信息系统开发方式时，要充分考虑各种方式的优缺点，立足本企业的实际情况进行选择。

关键点提示

企业供应链信息系统的开发方式主要有：

1.委托开发；2.自主开发；3.联合开发；4.购买软件包。

3.12　如何调试供应链信息系统运行程序

工作场景描述

当企业在实施供应链信息系统过程中，想要了解如何调试信息系统运行程序时，可查看。

解读与分析

在供应链信息系统实施过程中，编制程序的工作主要是由专业的信息系统开发人员来完成的。将程序输入计算机之后要进行调试和验证，以发现其中隐藏的错误，这是保证信息系统质量的重要手段。程序调试应本着从小到大、由部分到整体的原则展开。企业应该从以下方面组织开展程序调试工作。

1. 模块调试

模块调试的主要工作是对每一个模块的内部功能进行全面调试。模块调试的对象是单个程序，是最小的调试单位。一般来说，模块调试包括语法调试和逻辑调试。

一般的编程工具都有程序编译器，很多语法错误都可以用编译器来发现并予以纠正。因此，语法调试一般在编程过程中就能完成。程序中某个功能模块的运算方法和逻辑处理等错误需要人工检查。企业应该将工作重点放在如何组织开发人员进行逻辑调试上。

首先，需要安排开发人员准备测试数据，它们可以是人工模拟出来的，也可以是真实的业务数据，提醒开发人员准备三种类型的数据，即合理数据、临界数据和不合理数据。其次，需要在调试人员和程序员之间建立起沟通的桥梁，这样一旦发现逻辑错误，就可以很快传递给程序员去寻找症结所在。修改后的程序要重新调试。

2. 分调

分调主要是对每个子系统的各个功能模块进行联合调试，以发现各模块外部功能、接口和各模块功能之间的调用关系是否存在错误。

模块调试任务结束之后，就要着手组织人员进行分调了，可以要求程序员和系统测试人员参与分调工作。分调是针对一个子系统的程序调试，比模块调试更高一级。分调所发现的问题很可能会影响到一个子系统的使用，应引起足够重视。

3. 联调

所谓联调，就是对信息系统进行整体调试。这项工作是在模块调试和分调工作都完成的基础上进行的。联调是信息系统实施阶段的最后一项工作。联调的主要工作是检查各个子系统之间的数据通信和数据共享等状况，看看各个子系统之间的数据传送是否准确，是否有数据冗余和冲突，系统内是否存在逻辑错误等。由于联调涉及各子系统之间的接口和调用关系，故企业可以参照信息系统总体设计中评价子系统划分好坏的标准来制订分调程序的调试标准。联调时必须有系统设计人员参与，以保证及时找出系统不协调的原因。在进行系统联调时，有时候也应邀请信息系统的使用者参与进来，让使用者来实际使用系统，发现其中的问题并提出修改意见。

程序调试是供应链信息系统实施中很重要的一步，需要按照模块调试、分调、联调的顺序一步一步展开，调试中发现的问题要及时提交编程人员修改。调试的目的就是要保证系统性能与设计要求相一致。

关键点提示

供应链信息系统的程序调试主要按照下面三个步骤进行：

1.模块调试；2.分调；3.联调。

3.13　如何进行人员培训

工作场景描述

当企业在实施信息系统建设过程中需要进行人员培训时，可查看。

解读与分析

企业供应链信息系统的成功开发与应用，不仅仅依赖于优良的计算机硬件环境、先进的开发技术与平台、良好的系统实施计划，还依赖于系统开发与应用过程中的人员培训工作。

企业的主体是人，操作信息系统的也是人，因此，能否培养一批有较高信息系统开发和使用、管理和维护水平的人员，是决定企业供应链信息化水平和信息系统效用发挥程度的重要因素。

1. 人员培训的层次

（1）培训专业技术人员。如果企业能自主进行信息系统建设，或者企业内有专门的信息技术人员参与到系统开发中，那么企业首先要对这些人员进行培训，使他们不但熟练掌握计算机技术，而且熟悉先进的企业管理理论，了解企业的管理经验，并熟悉企业的业务流程。这些培训工作在信息系统开发前就必须完成。

专业技术培训可以通过多种方式进行，如聘请专家做报告、现场实习参观、企业各个职位的上岗培训等。在进行这些培训的过程中，为了使信息人员能跟上信息技术的发展步伐，还需要让他们不断参加有关的信息技术讲座。

（2）培训企业中高级管理人员。企业的中高级管理人员不但要关心、支持并参与企业的信息系统建设，而且要担负起决策和协调的职责。因此，企业必须对中高级管理人员进行培训，使其在掌握现代管理理论的基础上，再掌握一定的计算机知识。对中高级管理人员的培训可以采取去先进企业实地考察、听专题报告或讲座，以及参加学校培训等形式。

（3）培训业务人员。企业业务人员是信息系统最主要的使用者，对业务人员的培训是信息系统成功实施的关键。首先企业可以通过学校或社会培训机构的计算机培训，使业务人员掌握基本的计算机知识等，然后由信息系统开发方负责培训业务人员，使其掌握系统操作方法。在培训时，也可以采用帮带的方法，即先培训一部分业务骨干，再由点到面全面展开。为了激励员工的学习积极性，可以将培训内容与员工的绩效考核联系起来。

2. 人员培训的时机

一般来说，人员培训工作开展得越早越好，较早地对企业人员进行培训，不但可以使企业人员在接受培训后更有效地参与信息系统的测试，及时发现系统存在的问题，而且培训之后，系统分析人员可以对用户需求有更清楚的了解，从而使得设计、开发出的系统更贴近用户的实际需求。

对企业人员的初步培训是在系统分析结束、编程工作开始之后，因为这个时候，主要的工作由编程人员来进行，而闲下来的系统分析人员就完全可以对企业人员进行初步培训，培训内容包括基本的计算机知识、信息意识等。

编程结束后进入系统实施阶段，之后系统就要投入试运行。这个时候要对信息系统的操作人员和运行管理人员进行培训，否则就会影响系统的实施进度了。

3. 人员培训的内容

企业人员的分工不同，对其进行培训的内容也不同。

（1）业务人员培训内容。

业务人员的培训内容主要有：

①系统总体概况；

②计算机使用与操作的基本知识；

③汉字输入方式；

④信息系统操作方式；

⑤系统数据库的使用（如数据分类、检索方式等）；

⑥信息系统投入使用后给业务带来的变化；

⑦系统运行与操作的注意事项。

在对业务人员进行培训时，由于业务人员的素质有高有低，接受新鲜事物的能力各不相同，所以要根据业务人员的不同特点，对他们进行有针对性的教育，反复耐心讲解，直到他们能够熟练操作企业的信息系统。

（2）管理人员培训内容。

管理人员的培训内容除了要包含业务人员培训内容之外，还要增加下面一些内容：

①利用信息系统进行管理的必要性；

②数据收集的渠道和方法；

③数据统计功能的使用。

（3）专业技术人员培训内容。

专业技术人员一般有比较专业的计算机技术知识，对其进行培训的内容主要有：

①系统设计、开发思想；

②系统设计、开发的结构；

③系统设计、开发所用软件工具，如编程语言；

④系统运行管理培训，如系统可能出现的故障及排除故障的方法；

⑤系统维护与升级培训。

企业要根据企业人员的不同层次，选择有针对性的培训内容，这样可保证在满足工作需求的基础上，最大限度地节约企业的培训成本。

培训工作结束之后，系统就可以进入试运行和实际运行阶段了。

关键点提示

人员培训的要点如下：

1.将企业人员分为三个层次进行培训；2.合理选择人员培训的时机；3.针对企业不同人员确定不同的培训内容。

3.14 如何进行供应链信息系统试运行和系统切换

工作场景描述

当企业要进行供应链信息系统试运行和系统切换时，可查看。

解读与分析

为了更好地测试系统的安全性能、可靠性能，以确认其是否能很好地满足业务需求，只进行系统测试是不够的，还需要对信息系统进行试运行。试运行是对系统开发阶段一系列工作的检验。系统测试与试运行完毕之后，企业就要着手进行系统切换工作了。系统切换就是用新开发的系统代替原有系统的一连串活动。

1. 试运行

试运行可以看作程序调试工作的延续。在进行系统试运行时，需要注意以下几点。

（1）保证原信息系统的正常工作。新系统尚处于试运行期，能否支撑起企业的正常运作尚未可知，因此企业的日常业务和管理工作仍应由原信息系统来完成。

在试运行期间要注意工作重点的转移。在对新系统进行检验的基础上，主要工作要由旧的信息系统逐步转移到新系统上来，为系统切换做准备。

（2）要注意系统试运行工作的代表性。系统试运行一般要选择某些子功能和数据来完成。要保证工作人员所选择的这些子功能和数据尽量接近系统实际运行的需要，也就是要有代表性。

（3）修正试运行中的错误。提醒程序员在修正系统错误时，要以系统分析中确定的系统目标和需求分析中确定的用户需求为基准。

（4）注意总结经验。工作人员在系统试运行过程中会总结出许多经验，应该安排专人汇集这些经验，为建立健全信息系统运行管理制度做准备。

2. 选择系统切换方式

系统切换通常来说有三种方式，划分的标准是新旧系统的运行时间是否交叉。企业可以根据企业新旧信息系统的实际情况选择合适的系统切换方式。

（1）直接切换。所谓直接切换，就是按照事先制订好的切换计划，在某一个时间停止旧系统的运行，同时启动新系统。这种方式中，新旧系统没有共同的运行时间，可以节省大量的人力和设备等费用。但是，这种方式的风险也很大，一旦新系统启动之后运行不正常，可能会给企业带来损失。因此，如果采用直接切换的方式，务必事先对新系统进行严格测试。这种方式适用于系统不太复杂并且数据不是很重要的情况，或者旧系统不能继续工作的情况。

（2）平行切换。平行切换就是让新旧系统同时运行一段时间，对新系统进行检验，合格之后再正式代替旧系统。平行切换的优点之一是风险很小，安全可靠。此外，在运行期间还可以对新旧系统的性能进行比较，也可以让系统的使用者事先熟悉新系统，养成使用新系统的习惯。平行切换的缺点是费用比较高，因为要在一段时间之内同时维持两个系统的运行。对安全性要求比较高的用户一般采取这种方式，如企业的会计系统、银行系统等。

（3）逐步切换。逐步切换实际上是为了避免直接切换和平行切换各自的缺点而对这两种方式的结合使用。逐步切换适用于包含多个独立子系统的大系统或者在多个部门投入使用的系统，因为这样就可以分子系统进行切换，或者分部门进行切换，既可以避免平行切换带来的人员和设备上的巨大负担，又可以避免直接切换带来的风险。

以上是信息系统切换时可供选择的三种方式。第一种方式最简单，但是风险比较大；第二种方式最安全可靠，但是费用比较高；第三种方式则克服了前两种方式的缺点，是二者综合的产物。

关键点提示

供应链信息系统切换有三种方式：

1.直接切换；2.平行切换；3.逐步切换。

3.15 如何制订供应链信息系统运行管理制度

工作场景描述

当企业要制订供应链信息系统运行管理制度时，可查看。

解读与分析

供应链信息系统是一个企业的重要资源，也是企业正常、高效运转的保证。在供应链信息系统运行过程中，常常会因操作人员的失误而发生故障，同时系统软、硬件在运行过程中也可能产生错误，给企业造成损失。为了保证供应链信息系统的正常运行，企业需要对其进行科学的管理。合理的系统运行管理制度是信息系统正常运行的有力保障。总的来说，供应链信息系统的运行管理制度包括以下几方面的内容。

1. 信息系统的人员管理制度

在知识经济社会中，掌握专业知识的人是企业最重要的资源。企业要想管理好企业信息系统，首先就要对操作和使用企业信息系统的人员进行良好的管理，这就需要制订严格的信息系统人员管理制度。

（1）在人员管理中，要规定各类人员的构成，如系统维护人员、系统使用人员的构成，以及各类人员的内部组织结构等。

（2）对各类人员的职责、主要任务进行明确、详细的规定，并且规定完成这些任务的时间，对不能按期完成任务或不愿意完成任务的人员要及时做调岗处理。

（3）为信息系统人员制订考核标准和激励机制。考核标准可以涉及以下几方面内容。

①工作能力，如是否按期完成工作任务，工作中的差错情况，相关用户的满意度，工作效率的高低等。

②创新能力，如是否乐意接受新事物，能否很快接收信息系统的改变，能否在系统使用过程中提出新建议和新思想。

③协作能力，如能否与团队内其他人员密切协作完成工作，与同事关系是否融洽等。

④工作态度，如能否准时上下班，是否有责任心等。

⑤学习能力，如能否在工作中不断学习，从而提高工作能力和业务水平，是否有在工作中获得职位提升的强烈愿望。

（4）信息系统是一个不断发展变化的动态系统，随着业务的拓展或者技术的进步，系统常常要进行调整或升级。因此，要制订人员的定期培训制度，提高员工操作、管理信息系统的能力。

2. 信息系统安全运行管理制度

信息系统的安全运行要从两个方面来做工作，一方面与信息系统的使用人员有关，另一方面与信息技术有关。

（1）信息系统的安全运行，首先要从物理意义上得到保证。以下是保证信息系统安全运行的一般守则。

①防止硬件失窃。对企业信息系统来说，硬件失窃是一种非常严重的事故。硬件承载着企业数据，所以硬件失窃所造成的损失往往是无法估量的。企业应该对能接触到硬件的人员进行登记，如有可能，还应该对其带入带出物品进行检查。

②每类人员只使用与其本职工作有关的功能模块，并在规定的操作权限内使用信息系统。非工作人员或外来人员使用信息系统之前必须经过审查，而且要在监督下进行使用。

③由专人负责信息系统的管理、维护和升级。

④全程监控信息系统的运行状况。

⑤记录信息系统的运行数据。

⑥员工不可进行与工作无关的操作。

⑦不运行来历不明或与工作无关的软件。

⑧要制订人员调离的安全管理制度。例如，当人员调离时应立即更换系统口令，封禁调离人员账号等。

（2）由于大部分的信息系统是与互联网相连的，为保证信息系统安全运行，还要制订相关的管理制度，以防范来自互联网的攻击。

①必须有互联网通信安全管理制度。

②必须有病毒防治管理制度。每天都有成千上万的新病毒在互联网上产生并传播，因此，企业信息系统需要及时检测、清除计算机病毒。

③必须有防止信息间谍恶意破坏、攻击或盗取数据的管理制度。随着经济的发展和竞争的加剧，信息间谍进入某些信息系统盗取数据的行为越来越活跃，某些国家甚至专门培训人员侵入其他国家政府部门或企业的信息系统窃取商业情报。针对这种情况，企业要加强信息系统自身抵御入侵能力，制订定期检查制度，如定期检查企业信息系统的账号登录记录，检查信息系统的通信接口是否被改动，还要检查通信线路是否被入侵等。

3. 信息系统的内部控制制度

企业信息系统内部控制制度在企业会计和审计活动中占有比较重要的地位，虽然其内容与前两部分有所重叠，但鉴于会计和审计活动对企业的重要性，应单独对其进行介绍。内部控制制度包括以下几方面的内容。

（1）组织控制。这部分内容类似于我们上面讲过的信息系统人员管理制度。组织控制的目标是使信息系统的职能部门设置、权责分工、人员分配以及考核等能够保证信息系统相关人员正确、有效地履行各自的职责。控制的内容有：系统职能部门与用户部门职责分离，系统职能部门内部人员的职责分离，系统职能部门内部要具备独立的控制、监督职能。

（2）操作控制。操作控制的目的在于通过标准化、制度化的操作规程来减少发生差错的机会以及防止未经授权而使用文件、程序或数据等情况的发生。操作控制的内容是为每一个工作人员制订操作计划、业务运行规程，同时制订机房守则、数据文件控制标准等。

（3）硬件控制。硬件控制的目标是保证信息系统的物理安全，可采用多种措施予以保证，如计算机设备的防火、防震、防潮和防止过热，需制订应对突然断电等意外情况的应急措施和面对自然灾害时的应急措施等。

（4）系统安全控制。系统安全控制的内容与上面讲到的信息系统安全运行管理制度的内容是基本一致的，可借鉴参考。

在建成信息系统并将其投入使用之后，保证其正常运行对于企业的日常运作非常关键。为了控制供应链信息系统的运行，必须建立规范的管理制度，并严格遵守这些制度。

关键点提示

供应链信息系统运行管理制度主要包括以下三方面的内容：

1.信息系统的人员管理制度；2.信息系统的安全运行管理制度；3.信息系统的内部控制制度。

3.16　如何进行供应链信息系统维护

工作场景描述

当企业需要进行供应链信息系统维护时，可查看。

解读与分析

企业供应链信息系统的内外部环境是不断变化的，这就要求系统能不断完善，以适应这些变化。用户在使用信息系统的过程中常常也会遇到些问题，会对系统提出新的要求和建议，因而进行系统维护是必要的。

据统计，系统维护的工作量占整个系统生命周期总工作量的70%，世界上90%的软件工作人员的工作是维护现有的系统。只有进行良好的系统维护，才能保证信息系统的生命力。

系统维护包括硬件维护、软件维护和使用维护。

1. 硬件维护

硬件维护是指对信息系统的设备进行保养并在发生故障时进行修复，此外还包括为适应信息系统的发展而进行的硬件调整等。硬件维护比较简单，一般可以通过进行硬件定期检查和硬件故障检测来完成。

2. 软件维护

在信息系统的三种维护工作中，软件维护是最重要、最核心的工作，也是最复杂的工作。

（1）软件维护类型。潜在的程序错误、系统运行的数据环境或处理环境发生变化、需求发生变化或原有功能需要完善都可能导致系统需要进行软件维护。其类型共有四种。

①正确性维护，即修改软件原先存在的逻辑性错误或在测试阶段没有发现而被带到运行阶段的错误。

②完善性维护，即在软件使用过程中，根据用户对新的功能与性能的要求而对软件做出的修改或扩充。

③适应性维护，即为适应新的硬件、软件配置，包括数据库、数据格式等的变化，而引起的软件变动。

④预防性维护，即为以后软件的升级而进行的有关工作，如用新技术对原有系统进行重新修改，以满足以后的需要等。

在系统运行初期，由于要检查修改潜在错误，正确性维护工作量最大。随着系统错误的不断减少，适应性维护和完善性维护工作量逐渐增大。

（2）软件维护的一般步骤。软件维护是一项复杂的工作，其步骤包括如下几个。

①建立维护团队。在一个企业IT团队的工作中，软件维护的工作量占2/3以上，维护工作首先要在组织上得到保障。对信息系统的维护不能仅仅从技术角度去分析，还应从技术与组织相融合的角度来考虑。开展软件维护工作前，首先要形成一支长期、稳定的

维护队伍，在开始维护之前把维护人员的责任明确下来，形成科学的维护管理机制。

②业务分析人员提出修改意见。在企业信息系统中，由业务分析人员对所有涉及的业务问题进行把关，负责从业务角度提出修改意见。这类人员最好是企业业务部门中的中级技术人员，因为他们一般还要负责组织的协调工作。

③系统分析人员收集维护申请和程序完善申请。系统分析人员需要熟悉整个系统的流程和数据库设计，此类人员最好为高级技术人员。

④程序员根据系统分析人员的要求，修改程序，完善系统功能，并进行测试，完成软件系统的升级等工作。这部分工作可由熟悉计算机编程的一般技术人员担任。

需要注意的是，系统修改后必须进行内部测试。对修改后的问题，要定期进行评审，看是否有进行预防性维护的必要。

3. 使用维护

系统维护是一项经常性的工作，这是因为信息系统处在不断的使用过程中。使用维护的主要内容包括以下几方面。

（1）意外事故维护，即为了解决由于发生意外事故导致系统数据混乱或丢失而进行的维护。

（2）代码维护，即对信息系统中使用的各种代码进行增加、删减等改动而进行的维护。

（3）环境维护。在规定的计算机硬件条件下，当系统操作人员不能完成某些技术性处理时，就要考虑进行环境维护了。

系统维护工作要慎重，某些重要的修改，可以作为一个小的系统开发项目，按照系统开发的流程严格执行。一般来说，当信息系统运行相当长一段时间之后，维护工作会变得越来越复杂和困难，维护的成本也越来越高，这个时候就要考虑对信息系统进行全面升级或者开发新的信息系统了。

关键点提示

供应链信息系统维护的三种类型是：

1.硬件维护；2.软件维护；3.使用维护。

3.17 如何进行供应链信息系统升级

工作场景描述

当企业需要进行供应链信息系统升级时，可查看。

解读与分析

企业的生存环境不断发生变化，为适应环境的变化，企业要做出相应的变革，这样企业对供应链信息系统的需求就会不断发生变化。这种变化一般表现为企业对信息系统的维护。随着电子、信息技术的日新月异，原有信息系统已不能适应技术环境的变化，必须及时对其做出调整。所以，供应链信息系统的升级是企业适应环境变化的结果。

1. 升级不同于维护

简单来说，系统升级是系统维护发生质变的结果，与系统维护存在一些明显的区别。

（1）系统升级之后，系统的性能和功能将会有明显提高。系统性能和功能的提高，要么是企业在系统战略规划阶段考虑过的，要么是基于新的企业环境和技术环境而进行的新规划。不论哪种情况，系统升级都是经过规划的，它体现出了明确的计划性和目的性。相比起来，系统维护更加强调应急性。

（2）系统维护是日常性的工作，信息系统常常需要维护。而系统升级并不是经常性的工作，但是一旦升级，就代表着系统在软、硬件方面产生了质的飞跃。

2. 系统升级的版本控制

一般来说，系统的维护和升级是通过不同的系统版本来体现的。这些版本之间可能差异比较大，也可能只有很小的差异。所以，我们需要用不同级别的数字来表示系统的版本。比如，我们规定一个大的版本“6.0”，如果产生了差异比较小的新版本，就在第二级数字上进行修改，比如“6.1”，甚至我们可以有第三级数字，比如“6.0.1”“6.0.2”。系统升级后，我们就要对第一级数字进行修改，比如将“6.0”变为“7.0”；如果只是进行系统维护，可以对第二或第三级数字进行修改。这就是信息系统的版本控制，良好的版本控制便于系统维护和升级管理。

3. 升级的一般步骤

在使用信息系统的过程中，系统维护人员会不断地收到新的需求。这些需求积累到一定程度时，就要进行系统升级规划了。这里提醒一点，系统升级是一项长远的工程，需要进行全面、详细的规划，万万不可掉以轻心。在进行升级的时候，要遵循信息系统生命周期理论的指导。也就是说，信息系统升级的步骤与开发一个新系统的步骤是一致的。

升级的一般步骤包括：

（1）系统规划（包括战略规划）；

（2）系统分析；

（3）系统设计；

（4）系统实施；

（5）新系统运行与维护。

升级是具有质变性质的，供应链信息系统的升级要非常慎重，升级之后要进行严密的测试，而且在其投入使用时要进行系统切换，切换时可以参考前面所讲的系统切换的方式。

关键点提示

系统升级的要点有：

1.系统升级比系统维护更看重计划性和目标性，可使系统性能产生质的飞跃；2.系统升级和维护时要进行版本控制；3.系统升级要按步骤进行。

第4章

供应链生产作业管理常见问题

供应链企业的生产作业在流程、方式等方面与传统企业的生产作业有着明显的区别。传统企业的生产作业注重企业内部各生产工序间的有序衔接，是单一的、独立的生产活动，而供应链企业的生产作业不仅是单个节点企业要面对的事情，更是供应链中所有企业相互配合、共同协作才能搞好的多元的、协同运作式的生产活动。

供应链中的上游企业必须了解下游企业的需求信息，及时、适量地为下游企业提供物资，下游企业也应关注上游企业的生产进度，适时调整采购计划和库存量，这样就可使生产、供给、采购、配送等供应链各个环节的生产作业活动环环相扣、紧密衔接，使整个供应链处于有序、稳定、高效的良性运行状态中。

4.1 如何进行供应链供给管理

工作场景描述

当企业需对自身提供商品的能力进行管理时，可查看。

解读与分析

供应链中各种物料的移动过程，是一个不断增加其市场价值或附加值的增值过程。企业作为供应链中的一个，应对自身提供产品的能力进行管理，为此，就要做到以下几点。

1. 选择正确的供应链，以提升供给能力

选择正确的同步供应链和制订企业业务单位的供应链策略，可以使企业获得市场的主导地位。选择正确的供应链时，企业应充分考虑供应链相对独立的效益和企业销售渠道以及消费者利益等。以下六个供应链方面的问题是企业尤其需要关注的。

（1）供应链策略。首要问题是产品的主导地位和品牌的建立，通过品牌和较大的市场占有率获得高利润空间。

（2）运行的灵活性。根据不同商品种类和地域差异进行投资和运作，以适应消费趋势。

（3）市场更新与定位。为消费者提供新颖的产品与物流服务。

（4）与消费者的关系。通过直销建立和保持与消费者间的联系。

（5）业务焦点。以价廉物美为宗旨，追求优质服务。

（6）资源优化。注重供应链效率的均衡。

2. 适当执行通道紧缩策略，以提升供给能力

在选择实施供应链通道紧缩策略的过程中，虽然有许多变量、挑战与风险，但带来的效益是巨大的，并具有强大的市场竞争力。具体实施方法可以归纳为以下几点。

（1）内部延伸。将最终产品从生产厂家运到分销中心。

（2）企业间的延伸。将最终产品从装配厂家运到下一级贸易伙伴。

（3）销售代理模式。设定由生产厂家与销售商共同负责库存平衡过程模式，使零售商着眼于销售和订单。

（4）直接模式。由装配厂家负责订货与实施销售，免去了零售商这一中间环节。应当指出的是，为了避免生产商和分销商的收益受损，企业既要及时调整供应链结构，又要避免调整不当或一次调整过多等。

3. 实施联合计划，以提升供给能力

企业的技术改革、产品生产周期的缩短和供应链复杂性的增强，是各个行业及其企业满足消费者需求时，所面临的时代挑战。实施供应链联合计划，需要需求计划、订单执行、生产能力计划和先进信息技术等方面的鼎力合作与支持。订单和市场信息不断地从销售点传向生产方，产品和库存信息不断地从生产方传向销售点的过程构成了联合需求计划。

联合需求计划减少了各组织局限于自己的供求数据所造成的混乱，使供应链各环节紧密结合，从而提高了网络活动的价值。实施同步订单计划则是以协商、管理和从消费者到供方的库存权转移为特点的，目的是减少市场需求的混乱，将市场的需求数据直接转化成订货。其中，同步化程度越高，运行供应链获得的收益越大。同步化供应链的产出能力包括：

（1）众多企业的长期原材料供给环节的合作。

（2）综合生产能力等方面的规划。

4. 适度运用网络信息系统，以提升供给能力

供应链处于动态的环境中，企业为了对瞬息万变的市场信息及时做出响应，必须建立企业供应链网络信息集成系统。通过对供应链网络信息管理，可实现整个物流体系的即时协作，包括实施分销资源计划（Distribute Resource Planning），实现协同销售，畅通销售渠道；制造商把物料需求状况适时传递给供应商，实现零库存；将企业的传统业务和管理网络化，连接前后端，使网络信息系统成为整个交易链的中枢。通过网络信息系统，客户的需求或订单，在理论上可以零等待地被传递至整个供应链，交易和供给几乎同时发生；通过网络信息系统，企业内外之间的界限将逐渐模糊直至消失。这样一种

供给模式，真正体现了网络经济“以客户为中心”的思想和电子商务“端到端”的交易实质。

5. 加快资金周转，以提升供给能力

企业需加快资金的周转，以提升企业的供给能力。企业的竞争力体现在其经营战略能提供给客户更多的市场价值，同时获取较多的利润。正因为有了市场需求，才产生了企业的各项业务活动；而任何业务活动都会消耗一定的资源。消耗资源会导致资金流出，只有当消耗资源生产出的产品或服务出售给客户后，资金才会重新流回企业，并产生利润。因此，供应链上还有资金的流动。

为了合理使用资金，加快资金周转，企业必须通过成本系统来控制供应链上的各项生产经营活动，或者说，通过控制资金的流动来控制物料的流动。

总的来说，供应链中各企业提升供给能力，是为了理顺整个链条的供应关系，确保自身在市场中获得最大的利益，但同时也应考虑在市场萧条时减少企业损失。

关键点提示

在供应链环境下进行供给管理时，企业需要做到：

1.选择正确的供应链，以提升供给能力；2.适当执行紧缩策略，以提升供给能力；3.实施联合计划，以提升供给能力；4.适度运用网络信息系统，以提升供给能力；5.加快资金周转，以提升供给能力。

4.2　如何在供应链中进行采购作业

工作场景描述

当企业需在供应链中进行采购作业时，可查看。

解读与分析

随着经济全球化和改革开放的不断推进，我国传统大而全、小而全的企业经营模式正逐步向虚拟企业、动态联盟和协作方向发展，采购管理在企业经营管理活动中的重要性日益突出。供应链企业在进行采购作业时，应该注意以下几方面的内容。

1. 认识采购管理的重点

采购管理的重点包含以下几方面内容：

（1）认识采购管理在提高客户满意度方面的战略作用；

（2）选择有效的战术、战略，以支持采购在供应链中不断变换的职能；

（3）明确采购中的成本管理策略；

（4）明确主要的采购目标与活动。

传统采购管理往往倾向于一种物料有多个供应商，这样比较保险。而现代采购管理的趋势是减少供应商，并建立互信、互利、互助的长期稳定的合作关系。

2. 遵循采购作业的基本原则

企业在采购过程中，应当遵循的一些基本原则是：以最低的成本和费用从供应链的上游供应商处获得自己所需的原材料；从一个全新的角度，来对采购阶段的相关物流和信息流进行有效管理；采购的侧重点在于企业之间或企业内部的链接。因此，企业应将供应链上的每个贸易伙伴联结起来，组成一个完整的网络系统，密切合作，共享信息，共担风险，同时应当切实运用最新科学技术，将其作为行之有效的管理手段。

3. 执行采购作业的流程

（1）周密计划。对信息的分析可以使采购计划延续到未来某个任意日期，这样不但可以实现按需采购，而且可以预留出足够的采购提前期和采购预算，防止因突发性采购而额外增加采购费用。

（2）设置标准采购成本。每一个会计年度，企业都必须通过模拟采购成本确定标准采购成本，也就是说，必须严格控制采购成本限额，在保证一定利润的前提下，确定标准采购成本。

（3）控制采购权限。要想严格控制采购成本，首先要控制资金流出。要设置每一个采购员的采购物料范围和支付权限，同时规定超限额采购的审批程序和各自权限，以规范采购权限。

（4）控制库存量。要为每一种物料规定最大储存量和最长储存期限。当超过最大值时，要发出警示信号，以便管理人员采取纠正措施。

（5）要求供应商认证。根据ISO9000的要求，为了保证产品质量，首先要保证进厂材料的质量。各种物料的供应商都必须通过认证，建立供应商主文件。如果向没有建立主文件的供应商采购，系统将拒绝执行。

（6）跟踪采购订单。系统可以提供多种查询途径，如通过采购单编码、物料号、供应商号、采购员代码、交货日期等进行查询，以便跟踪采购订单执行情况。

（7）严格控制付款程序。付款前，系统将自动进行一系列的数据和信息对比，如物料规格、性能、合格数量、交货日期是否与采购单一致，报价单与发票上的金额是否一致。只有各方面都相符，才执行付款程序，以严格控制资金流出。

4. 协调好采购与供应商的关系

采购与供应商可以说是紧密联系的。但是在整个供应环节中，供应商常常怨声载道、满腹牢骚，因为他们经常会遇到这样那样的问题和困扰。如，供应商会抱怨“客户需求数量变化无常，预测不准”“随着产业竞争越来越激烈，客户对供货时间的要求越来越苛刻”。在这些情况下，企业需要协调好采购与供应商的关系，如建立多种采购渠道与供应商进行沟通协调。

5. 激励、监控采购者

每个企业经过多年的摸索，都会总结出一套采购管理办法。但是真正普遍使采购管理者大伤脑筋的问题在于：如何“以人为本”地去管理采购人员，激励他们自觉主动地去搞好与供应商的关系，始终把降低采购成本放在第一位？要想达到此目的，就要不断健全采购管理制度，订立一套高效的监控体系和时效性强的管理方法，加强激励管理，最大限度地避免采购中的“灰色”现象，这是解决问题的根本办法；另外，要加强对采购人员的培训，包括对采购专业技能、沟通能力等的培训，还应适时对供应商进行培训，将采购方的企业文化、采购运作方式渗透到供应商当中。

采购的速度、效率和订单的执行情况，将直接影响到企业能否快速灵活地满足下游客户的需求；采购成本的高低，直接影响企业最终产品的定价和整个供应链的最终获利情况。

关键点提示

供应链企业进行采购作业时要注意以下几点：

1.认识采购管理的重点；2.遵循采购作业的基本原则；3.执行采购作业的流程；4.协调好采购与供应商的关系和沟通渠道；5.激励、监控采购者。

4.3 如何在供应链中进行供应商管理

工作场景描述

当企业在构建供应链的过程中需要选择供应商并对其进行管理时，可查看。

解读与分析

供应链中上下游企业之间要想快速顺畅地进行业务往来，以及进行有效的信息交流，离不开相互之间的配合。企业要想在与供应商进行业务往来时与之保持紧密的联系和协同运作，与其结成长期、稳固的战略伙伴关系，离不开对供应商的管理。为此，企业要做到如下几点。

1. 与供应商建立合作关系

有关机构对《财富》杂志排名的前1000家企业进行研究后得出这样的结论：在新产品推介过程中，越早让供应商参与其中，整个项目所节省的资金越多。因此，一些企业积极寻求机会，与其供应商建立长期合作关系，共享生产计划、产品设计和规范信息以及运作改进方式，这样的企业已经取得了明显的竞争优势。随着产品生命周期的缩短，一开始就做好产品设计、货源组织、计划制订和物料生产工作，已变得至关重要。通过开拓更广泛、更灵活、响应更积极的供应商关系，企业获得了新的经济增长点，同时也建立起了能够增加盈利的新的商业模式。

2. 尽量采用业务外包方式

如何选择供应商，控制库存量，在降低库存的同时又能为生产不同产品提供保障？如何使供应商积极参与和加入到产品设计过程中，为产品改进提供快速的响应支持，以不断加快产品创新的节奏，缩短产品从研发到投放市场的时间？如何在动态环境中面对组织结构、业务流程不断变化的情况，实现生产节奏的快速适应和生产计划的及时调整？这就要求在条件合适的情况下，尽可能采用外包方式，以便企业将主要精力集中在核心技术的开发上，从而保持资产的精炼和对市场形势反应的敏捷度，降低成本，保障物品供应。

3. 进行新供应商评选

新供应商评选就是对新开发的供应商做全面的资格认定。评估供应商时着重对其技术水平、产品质量、交货时间、服务水平、成本结构和管理水平等进行综合评定。供应商评选的基本原则是QCDS原则，也就是质量、成本、交付与服务并重的原则。

在这四项中，质量是最重要的，首先要确认供应商是否建立了一套稳定有效的质量保证体系；其次，是成本，要运用价值工程的方法对所涉及的产品进行成本分析，并通过双赢的价格谈判实现成本节约；再次，是交付，要确定供应商是否拥有足够的生产能力，人力资源是否充足，有没有扩大产能的潜力；最后，是服务，要查看供应商的售前、售后服务记录。

4. 进行供应商的绩效评估

以前的商业竞争环境较单纯，评估一家企业的优劣时，主要通过比较该企业与竞争对手在获利能力与市场占有率方面的差别，企业绩效评估多半围绕着这些项目进行。但是在强调专业分工、产品快速客户化以及经济全球化的年代，企业间的竞争重点已逐渐转变成各自供应链体系的效能，看谁能以最快的速度、最低廉的成本将客户化的产品送到客户手上。

进行供应商的绩效评估时，需要采用一些指标，主要有以下三类。

（1）营运衡量指标，通常用来衡量作业人员作业绩效的好坏。营运衡量指标所选取的时段较短，可能是每小时或每日，主要的衡量对象为作业员、办事员以及那些直接经过产品与客户接触的人员。

（2）战术衡量指标，旨在衡量企业的基本战术是否能达成生产计划和目标。战术衡量指标所衡量的生产力代表了一个组织所有作业人员生产力的总和，而非单一作业人员的生产力，衡量的时段可能是一个班或一周。

（3）策略衡量指标，是决策层用来衡量企业优先策略的工具，它所衡量的是整个企业在生产力方面的长期变化。通常，策略衡量指标衡量的是一个月、一整年的企业绩效。

5. 对供应商进行激励

要想保持长期的双赢关系，对供应商进行激励是非常重要的。没有有效的激励机制，就不可能维持良好的供应关系。在激励机制的设计上，要体现公平、一致的原则。企业给予供应商价格折扣、采用柔性合同以及赠送股权等方式，可以与供应商分享利益，使供应商从合作中体会到双赢机制的好处。

6. 采用适当的合作终止策略

当双方合作关系破裂时，我们常常会对对方怀有不满乃至敌意，而不是采取宽容的态度。但是世事难料，说不定哪天我们又会需要与该供应商打交道。所以我们要尽量将终止与供应商合作做得妥当，不损害客户的满意度、企业的利润及名誉，为此，就要做到如下几点。

（1）态度积极。与其与供应商持续摩擦，不如现在先结束合作关系，等双方关系改善后再寻求合作机会。

（2）语气平和，不要侮辱对方。

（3）理由专业。采购负责人要告诉供应商，自己的职责是为企业创造价值，吸引和留住客户，终止合作关系纯粹从商业角度考虑，并不掺杂个人恩怨。

供应商管理是整个采购活动的核心工作，不仅关系到整个采购部门的业绩，而且包含了供应市场竞争分析，寻找合格供应商，对潜在供应商进行评估，询价和报价，就合同条款进行谈判，最终供应商的选择，供应商供货与评价以及与供应商终止合作等过程。

关键点提示

在供应链环境下进行供应商管理，企业需要做到：

1.与供应商建立合作关系；2.尽量采用业务外包方式；3.进行新供应商评选；4.进行供应商的绩效评估；5.对供应商进行激励；6.采用适当的合作终止策略。

4.4　如何进行供应链生产管理

工作场景描述

当企业需要用规则调整供应链生产管理方案时，可查看。

解读与分析

生产管理是企业管理的主要内容之一。与传统的企业生产计划和控制方法相比，供应链管理模式下的生产管理方法在信息来源、信息的集成方法、计划的决策模式、计划的运行环境、生产控制的手段等许多方面都有显著不同。为了在供应链环境下进行有效的生产管理，企业需要做到如下几点。

1. 充分利用网络平台进行企业间生产调度

一般说来，生产调度是整个生产管理过程中最难掌控的环节，主要理由有：

（1）核心企业对产品销售的预测具有高度不准确性；

（2）缺乏来自供应商的原材料信息；

（3）缺乏供应商的库存水平波动和客户需求波动信息。

而利用网络平台，改善供应商、核心企业和客户之间的通信状况，可以降低在生产调度管理中困难出现的频率和对生产的影响程度。企业使用网络平台，可协调与供应商之间的生产衔接。另外，在订单处理中网络平台能够提供企业有关产品和服务的实时信息，在一定程度上会使销售预测变得精确，反过来又会大大改善生产调度管理。

2. 充分利用供应链管理环境下的生产进度信息

生产进度信息是企业检查生产计划执行状况的重要依据，也是企业在滚动制订生产计划过程中赖以修正原有计划和制订新计划的重要参考信息。在供应链管理环境下，生产进度计划属于可共享的信息。这一信息的作用在于：上游企业可以通过网络和双方通用的软件了解下游企业的真实需求信息，并准时提供物资；下游企业可以避免产生不必要的库存，并依据了解到的上游企业的生产进度，适当调整生产计划。这样供应链上的各个环节就紧密地衔接在一起了。

3. 制订供应链管理环境下的生产计划

在供应链管理环境下，企业的生产计划编制过程有了较大的变化，增添了新的特点，如：具有纵向和横向的信息集成过程，拓展了能力平衡在计划中的作用；计划的循环过程突破了企业的限制等。供应链管理环境下的生产计划，不但要考虑到信息集成过程，如上下游的信息集成以及生产相同或类似产品的企业之间的信息共享，而且要充分发挥供应链管理环境下信息的作用，扩展原有生产计划的功能，使生产计划在上下游企业间自由传递。

4. 进行供应链管理环境下的生产进度控制

供应链管理环境下的生产管理组织模式和传统生产管理组织模式的一个显著不同是，供应链管理环境下的生产管理是开放性的、以团队工作为组织单元的多代理制。在供应链联盟中，企业之间以合作的方式进行生产，企业生产决策信息通过EDI或网络平台适时地在供应链联盟中由企业代理通过协商决定，企业在网络平台上建立一个合作公告栏，适时地和合作企业进行信息交流。

生产进度控制的目的在于依据生产作业计划，检查零部件的投入和产出数量、产出时间和配套性，保证产品准时装配出厂，为此必须建立一种有效的跟踪机制，进行生产进度信息的跟踪和反馈。

5. 建立供应链管理环境下的协调机制

要实现供应链的同步化运作，就需要建立一种供应链的协调机制。供应链的协调有两种划分方法。根据协调的职能，协调可划分为两类：一类是不同职能活动之间的协调与集成，如生产–供应协调、生产–销售协调、库存–销售协调等协调关系；另一类是同一职能不同层次活动之间的协调，如多个工厂之间的生产协调。根据协调的内容，供应链的协调可划分为信息协调和非信息协调。

应当指出，供应链上任何一个企业的生产决策都会影响供应链上其他企业的决策，企业需跳出以某个企业物料需求为中心的生产管理局限，充分了解用户需求并与供应商在经营上协调一致，实现信息的共享与集成，以客户化的需求驱动客户化的生产计划，获得柔性敏捷的市场响应能力。

关键点提示

为了在供应链环境下进行有效的生产管理，企业应该做到：

1.充分利用网络平台进行企业间生产调度；2.充分利用供应链管理环境下的生产进度信息；3.制订供应链管理环境下的生产计划；4.进行供应链管理环境下的生产进度控制；5.建立供应链管理环境下的协调机制。

4.5　如何在供应链中进行库存管理

工作场景描述

当企业要在供应链中进行库存管理时，可查看。

解读与分析

库存给企业带来了极大的风险，一方面是资金的积压，另一方面是货物的价值损失。为解决库存问题，企业需要做到以下几点。

1. 认识传统的企业库存管理的问题

供应链环境下的库存问题和传统的企业库存问题有许多不同之处，这些不同点体现出了供应链管理思想对库存的影响。传统的企业库存管理侧重于单一地优化库存成本，从存储成本和订货成本出发确定经济订货量和订货点。但是从供应链整体的角度看，只依靠传统的企业库存管理方法显然是不够的。传统的企业库存管理存在以下问题：

（1）没有供应链的整体观念；

（2）对用户服务的理解与定义不恰当；

（3）交货状态数据不准确；

（4）信息传递效率低；

（5）忽视不确定性对库存的影响；

（6）库存控制策略简单化；

（7）缺乏合作与协调；

（8）产品的过程设计没有考虑供应链上库存的影响。

2. 确定库存补给策略

库存控制采用的是订货点控制策略，相应的策略很多，最基本的策略有四种。

（1）连续性检查的固定订货量、固定订货点策略，即QR策略。该策略的基本思想是：对库存进行连续性检查，当库存降低到订货点水平R时，即发出一次订货。每次的订货量保持不变，都为固定值Q。该策略适用于客户需求量大、缺货费用较高、客户需求波动大的情形。

（2）连续性检查的固定订货点、最大库存策略，即RS策略。该策略和QR策略一样，都是连续性检查类型的策略，也就是要随时检查库存状态。当发现库存降低到订货点水平R时，开始通知客户订货。订货后使最大库存量保持不变，即为常量S，若发出订单时库存量为I，则其订货量为$S-I$。该策略和QR策略的不同之处在于其订货量按实际库存而定，因而订货量是可变的。

（3）周期性检查策略，即tS策略。该策略每隔一定时期（固定检查周期t）检查一次库存，并发出一次订货，把现有库存补充到最大库存水平S，如果检查时库存量为I，则订货量为$S-I$。该策略不设订货点，只设固定检查周期和最大库存量。该策略适用于一些不很重要的或客户需求量不大的物资订货。

（4）综合库存策略，即tRS策略。该策略是tS策略和RS策略的综合。这种补给策略有一个固定的检查周期t、最大库存量S、固定订货点水平R。当经过一定的检查周期t后，若发现库存低于订货点水平时，则发出订货，否则不订货。订货量等于最大库存量减去检查时的库存量。

3. 确定库存控制模型

常见的独立需求库存控制模型根据其主要的参数，如需求量与提前期是否确定，分为确定型库存模型和随机型库存模型。

（1）确定型库存模型，又分为周期性检查模型和连续性检查模型。其中连续性检查模型需要确定订货点和订货量两个参数。连续性检查模型分六种：不允许缺货，瞬时到货型；不允许缺货，延时到货型；允许缺货，瞬时到货型；允许缺货，延时到货型；补货，瞬时到货型；补货，延时到货型。

（2）随机型库存模型。随机型库存模型要解决的问题是：确定经济订货批量或经济订货期，确定安全库存量，确定订货点和订货后最大库存量。随机型库存模型也分连续性检查和周期性检查模型。

4. 改进供应链管理环境下的库存管理策略

为了适应供应链管理的要求，必须对供应链管理环境下的库存管理策略做出相应的改变。结合国内外企业实践经验及理论研究成果，目前供应链企业应采取的先进供应链库存管理技术与方法，包括VMI管理系统、联合库存管理、多级库存优化等。

（1）VMI（Vendor Managed Inventory，供应商管理用户库存）管理系统。这种库存管理系统打破了传统的各自为政的库存管理模式，体现了供应链的集成化管理思想，适应了市场变化的要求，是一种新的有代表性的库存管理系统。VMI是一种供应链集成化运作的决策代理模式，它把用户的库存决策权让供应商代理，由供应商代理分销商或批发商行使库存决策的权力。

（2）联合库存管理。联合库存管理是一种风险分担的库存管理模式。联合库存管理的思想可以从分销中心的联合库存功能谈起，基于协调中心的联合库存管理是一种联邦式供应链库存管理策略，是对供应链的局部优化控制。地区分销中心体现了一种简单的联合库存管理思想。

（3）多级库存优化与控制。供应链库存管理的目的是使整个供应链各个阶段的库存量达到最小值，但是，现行的企业库存管理模式是从单一的企业内部的角度去考虑库存问题的，因而并不能使供应链整体库存达到最优。要进行供应链库存的全局性优化与控制，就必须采用多级库存优化与控制方法。多级库存优化与控制是在单级库存控制的基础上形成的，是供应链库存的全局性优化。

供应链管理模式下的库存管理的最理想状态是实现供应链企业的无缝衔接，消除供应链企业之间的高库存现象。要减少企业的库存，就需要建立协调管理机制，增加企业之间的信息交流与共享，减少不确定性因素对库存的影响，增加库存决策信息的透明度和可靠度、适时度，解决供应链中因需求变动而放大的库存波动，解决供应链的不确定性与库存问题。

关键点提示

在供应链环境下进行库存管理，企业需要：

1.认识传统的企业库存管理的问题；2.确定库存补给策略；3.确定库存控制模型；4.改进供应链管理环境下的库存管理策略。

4.6 如何在供应链中进行配送管理

工作场景描述

当企业需要在供应链中进行配送管理时，可查看。

解读与分析

在供应链体系中，配送是供需双方进行物品交接的重要环节，能直接体现供方的收益以及服务质量。流通企业开展的大部分物流活动都将在物流配送中心完成，可以说，物流配送中心的运营情况是整个物流系统运营状况好坏的标志。在供应链中进行配送管理时，企业应该做到如下几点。

1. 认识配送

企业的配送主要有三种类型：

第一种类型，巨型企业内部的供应配送；

第二种类型，企业内部的连锁配送；

第三种类型，企业的销售配送。

2. 认识配送中心

配送中心是一种末端物流的节点设施，通过有效地组织配货和送货，使资源的终端配置得以完成。

流通中心定位于商流、物流、信息流、资金流的综合汇集，具有非常完善的功能；物流中心定位于物流、信息流、资金流的综合汇集，其涵盖面较流通中心小；在整个物流系统中，配送中心处于末端物流过程的起点，它是直接面向用户的，因此，不但拥有直接服务用户的功能，而且可根据用户的要求，起着指导物流运行全过程的作用。

配送中心的主要功能是围绕配货和送货确定的，通过配货和送货完成资源的最终配置，而与之相关的信息活动、交易活动、结算活动等等虽然也是配送中心不可或缺的功能，但是它们必然服从和服务于配货和送货这两项主要的功能。

3. 提升配送中心的配送效率

市场竞争和用户追求高质量的服务要求配送中心具有良好的配送效率，但运输环节过多、管理不善等方面的问题会造成配送效率低下。要想达到配送效率最大化，需要有一套专业的配送技术和理念与之相适应，需要配送中心相关人员更新传统的企业物流管理理念与配送技术，做到合理规划，统筹安排。在仓库发展建设过程当中，如果没有调查未来发展需求和市场环境状况，规划建设不当，就会造成仓库区域布局不合理，空间布局不合理，物流环节重复和冲突等不良现象，导致配送的各个作业环节效率低下，使物品滞留时间过长、人力资源浪费巨大，这是企业在统筹配送活动时应力求避免的。

4. 提升配送中心的现代化程度

提升配送中心的现代化程度，首先需要提高配送中心计算机的应用程度，使之不仅限于对日常事务和业务运作流程的管理，而且对于物流中的许多重要决策问题，如配送中心的选址，货品组配方案、运输最佳路径的确定，最优库存控制等方面，都有良好的辅助决策功能。其次，提高配送中心机械化水平，现代物流配送中心是以机电一体化、无纸化为特征的，不再是所有的物流环节都靠人工处理的传统仓库。最后，需要提升整体物流技术水平，大量应用运输技术、储存保管技术、装卸搬运技术、物资检验技术、包装技术、流通加工技术以及与物流各环节密切相关的信息处理技术。

5. 重视配送中心的拣选系统

在配送中心的各作业环节中，分拣作业是非常重要的一环，它是整个配送中心作业系统的核心。要想提升物流经营绩效，需要规划合理的拣货系统，拣货系统的选定对未来拣货作业效率的影响很大。为了满足不同的用户需求，拣货系统现已衍生出各种版本。决定拣货系统的主要因素为分区、订单分割、订单分批及分类。高频度、小批量的分拣出货，可以使用自动分拣系统和自动检验系统，从进货检验、入库到分拣、出库、装车，全部依靠各种标准化物流条码，经电脑终端扫描，借助传送带自动进出，人工操作只占其中很小一部分，从而大大降低出错率。

在配送中心搬运成本中，分拣作业搬运成本约占90%；在劳动密集型配送中心，与分拣作业直接相关的人力成本约占总成本的50%，分拣作业时间占整个配送中心作业时间的30%～40%。

在包含配送中心的物流系统中，配送中心对整个物流系统运行效率的提高起着决定性的作用。所以，企业需要大力提升配送中心的作业效能。

关键点提示

在供应链中对配送进行管理时，企业需要：

1.认识配送；2.认识配送中心；3.提升配送中心的配送效率；4.提升配送中心的现代化程度；5.重视配送中心的拣选系统。

4.7 如何设计供应链分销渠道

工作场景描述

当企业需要通过建立供应链分销渠道，更加有效地销售产品时，可查看。

解读与分析

随着企业间的竞争日趋激烈，终端市场利润空间受到挤压，产品功能同质化明显，对消费者购买选择的影响逐渐弱化，品牌与增值服务的影响力随之加大。此时，建立完善的分销渠道有利于企业更有效地销售产品。为达此目的，企业需要做好以下几点。

1. 构建自己的核心竞争力

企业怎样使自己在众多竞争对手中脱颖而出，怎样在艰难生存的同时不断谋求新的发展，成为企业管理者迫切需要关注和解决的问题。要战胜对手，首先要了解市场、了解自己、了解竞争对手，如此才能做到全方位规划，选择最适合自己的经营模式与渠道模式。这就要求企业努力寻找和制造有别于竞争对手的经营战略、生产技术、产品特色等方面的差异，并不断扩大这种差异，使之成为竞争对手难以模仿和超越的企业核心竞争力。

2. 建立扁平化的分销渠道

采用什么样的渠道和方式将自己的产品送到消费者的手中，成为制造商不断探讨的问题。一方面，很多大企业在铺建营销渠道方面的资金投入可谓不惜血本，它们在全国各地广设分销机构，将销售的触角延伸到每个角落；另一方面，综合性的分销商，凭借专业化的规模经营和雄厚的资本，正在成为分销渠道中重要的力量。此外，拥有雄厚资金和先进管理经验的境外渠道运营商早已对分销市场虎视眈眈，使处于困境中的国内分销企业腹背受敌，为此建立扁平化的分销渠道已成为大势所趋。企业在建立扁平化的分销渠道时往往要面对一些难以解决的难题，例如：如何及时了解各个分销点的销售状况？如何有效控制资金流？如何以快速的物流配合销售？如何有效控制全国的库存，使之合理分配？如何在最短时间内满足客户的购买需求？如何将企业的渠道政策及时传达到每个分销点，且保证有效执行？随着网络平台技术的广泛应用、企业应用软件的不断发展，企业可以通过对整个分销供应链的流程进行E化（应用现有的IT技术，实现企业各项管理流程和业务流程的电子化），充分协调采购、销售、财务等各个环节的作业，用简化作业流程、减少销售层级的方法来解决上述难题。

3. 选择分销合作伙伴

要想成功建立分销渠道，首先要选择好合作伙伴。这可以从对方的合作期望、行业定位、客户群状况、其他实力（如资金、技术等）几个方面进行分析。

（1）合作期望。全力配合是伙伴关系中最为重要的方面，合作期望是开展市场活动的动力。就像创业一样，需要投入激情才能把市场做好。

（2）行业定位。不同行业的营销方式是有差异的，对于利用相同方式开发市场的合作伙伴而言，谁更能理解企业的市场目标，谁就一定能取得更为理想的效果。

（3）客户群状况。合作伙伴的客户群与企业的产品应该是相关联的，这样就可以充分挖掘合作伙伴的客户资源，形成发展上的互补。

（4）其他实力。市场开发需要经过许多努力，投入资金、技术和人力资源等来开展一场又一场的市场攻坚战役。合作伙伴在资金、技术和人力资源方面的综合实力，决定了他们是否能坚持下去，能否最终摘取胜利果实。

4. 提高分销供应链反应速度

提高分销供应链反应速度主要包含两层含义。

（1）提高订单反应速度。随着分销渠道扁平化，企业将面对越来越多的经销商、零售商，它们由于缺乏足够的流动周转资金，所以大都采用多次小批量的采购方式，每次订货的数量和金额很小，但是加大了订货频率，这导致企业日常订单量猛增。如何应对订单数量激增的状况，用最短的时间准确地处理每一张订单，已成为企业在营销活动中需要解决的一个重要问题。充分利用先进的计算机管理系统，就可以大大提高订单的处理速度。

（2）提高维修反应速度和服务品质。考虑分销渠道日益扁平化的趋势，许多制造商在各地广泛建立了产品维修服务点，产品的售后维修越来越方便了，但这样也会带来一系列问题，如维修服务过程难于管制、监控，维修周期较长，维修服务成本较高，产品品质的市场反馈信息难以收集分析等。在这种情况下，谁能快速提供高质量的维修服务，谁就能在竞争激烈的市场中赢得更多客户的信赖和支持。

5. 使用电子商务整合分销渠道

软件技术和营销手段的成熟，使得作为一种高效服务手段的电子商务活动的开展成为可能。电子商务实践表明，在销售的直销与分销领域，除了可以完全流程E化的信息内容之外，直销还离不开配送和服务，网络直销也需要开展物流配送和本地化服务活动；分销商可以从直销的服务商中获得利益，分销商还能利用网络平台为经销商提供更多的产品组合及促销方案，让经销商有多样选择。在电子商务时代，分销企业最终会把服务当作立身之本，通过服务带动产品的销售。

另有专家指出，电子商务使直销成为可能，同样也为分销带来了新的机遇，因为互联网是分享的工具，是协作的工具。分销的价值核心就是分享与协作，因此网络直销不是分销的终结者，它只是与数字化技术一起对分销水平进行提升，使之成为一种新的商务模式。

6. 调整与渠道巨头的关系

在分销渠道的建立过程中，企业需要协调处理好各种关系，平衡渠道伙伴的利益。在某些领域，商业资本正逐渐获得优势，制造商与渠道巨头间的关系也在调整。面对渠道巨头的成长，制造商需要适应这种变化。适应的方法，就是要对各种流通业态的消长做出正确判断，并采取不同的应对策略，比较合理的方法是让工业资本与商业资本互相渗透。家电市场已进入以专业连锁企业为主导的时代，工业资本已进入其分销领域，与商业资本互相参股，互相渗透，双方共同面对市场，结成利益共同体，寻找调动消费者积极性的最佳营销方式。

建立供应链分销渠道是企业的一种战略性目标。建立供应链分销渠道时，需要把产品销售、品牌形象、客户服务等所有影响企业发展的因素都考虑进去，把分销渠道中的合作伙伴的利益和发展机会也都考虑进去。实际上以企业为核心的分销渠道是一个战略联盟，这个战略联盟的利益越是趋向一致，产生的效益也就越大。

关键点提示

在供应链中建立分销渠道时，企业需要做到：

1.构建自己的核心竞争力；2.建立扁平化的分销渠道；3.选择分销合作伙伴；4.提高分销供应链反应速度；5.使用电子商务整合分销渠道；6.调整与渠道巨头的关系。

4.8 如何进行供应链客户服务管理

工作场景描述

当企业需要在供应链中为客户提供满意的服务时，可查看。

解读与分析

在21世纪的竞争中，谁能赢得客户的倾心和回报，谁就能生存和发展；反之，可能是死路一条。客户对企业的倾心与回报如何，取决于他们对企业的满意程度。因此，从某种程度上讲，企业经营的出发点和归宿都应归结为：客户满意。要想在供应链中为客户提供满意的服务，企业需要做到以下几点。

1. 建立以客户为中心的供应链

建立以客户为中心的供应链，要求企业在开发和运用供应链时重视最终客户。以客户为中心的供应链，是指供应链上的所有企业齐心协力为市场提供共同产品和服务，而这样的产品和服务正是最终客户所期望并愿意为之在产品的整个生命周期内付款的。也就是说，这个跨职能的多企业集团好比是一个扩大化的企业，它能充分利用共享资源来达到运作目的。

2. 识别客户的服务需求

没有任何两个客户在服务需求方面是完全一致的。然而，客户总是以群体形式出现的，他们彼此互相影响，最后形成某些共同的特性，所以就这个群体而言，客户有着相似的服务需求。市场开发经理的任务之一，就是弄清什么因素使客户群的服务需求有所不同。这可以通过市场调研来实现，但是很少有企业认真做过。在进行市场调研之前，有两点是需要强调的。

首先，要认识到客户对服务的知觉是感性的。知觉是主观的东西，虽然个体看到的是同样的客体，却会产生不同的认知，所以无论企业内部的绩效衡量程序是多么严格，最终成效都要看客户对企业提供服务的感觉。因此，在进行供应链系统设计时，必须从外部客户的角度考查企业的服务工作，只有门店、客户都满意的企业服务才是有意义的服务。

其次，要建立完整的服务绩效衡量指标。企业常使用一些绩效衡量指标来衡量物流服务水平，但这些指标都是从内部来衡量供应链服务水平的，它们可能在财务控制等方面是有效的，但是反映不出客户服务的质量。因而，企业不但要在内部，还要在外部建立一系列对客户来说有意义的绩效衡量指标。

3. 定义客户服务目标

客户服务目标是以最低的供应链成本提供给客户一定水平的服务。在制订供应链战略时，要达到的目标是以低成本为客户持续提供优质服务。优质服务目标的定义可以通过“完美订货”来表述。“完美订货”就是完全满足客户服务需求。这样的定义一般是针对个别客户的，其实它也可以用于客户群，但是必须要先识别客户群所需要的关键服务是什么。只有当客户对其每一项服务要求的达成状况都满意时，才是“完美订货”。

另外，还可以用在一定时间内满足所有客户服务要求的百分比来衡量服务完成情况。一种经常使用的方法是OTIF法，它是准时（ON TIME）、足量（IN FULL）、无错（ERROR FREE）的英文缩写。为了计算出实际的服务绩效，需要监控订货过程中的每一项内容的完成情况，并以百分比形式表示出来，然后将所得百分比相乘就可以了解总的服务情况。例如，如果一年所有订货的完成情况是准时率90%，订货完成率80%，无错率70%，那么实际的订货完成绩效就是90%×80%×70%=50.4%。

4. 通过网络平台建立客户服务渠道

核心企业通过网络平台接受客户投诉，向客户提供技术服务，发送紧急通知和管理服务外包消息等。客户可以随时通过网络平台联系核心企业的服务部门，反映任何可能发生的服务问题。总之，网络平台在客户服务中总的作用是缩短企业对客户问题的响应时间。网络平台改善了核心企业和客户之间的双向通信流。如果其对问题的处理能马上获得客户满意，则客户很有可能会再次购买该企业所生产的产品。为此，核心企业需要在客户服务中恰当应用网络平台。

一般而言，客户满意度是客户对企业提供的产品和服务的综合性评价，是客户对企业、产品、服务和员工的认可度。

5. 建立并实施客户满意战略

建立和实施客户满意战略的内容包括：

（1）创造以“客户满意”为中心的企业经营理念；

（2）促进以“客户满意”为宗旨的质量管理的创新；

（3）抓好以“客户满意”为准则的企业营销和服务管理的创新；

（4）重视以“客户满意”为导向的企业信息管理的创新；

（5）实施以“客户满意”为主线的企业组织结构的重组。

在越来越多的供应链专家要求企业在开发和运用供应链过程中重视最终客户的今天，客户服务的目标并不仅仅止于使客户满意，不少企业往往将客户满意等同于客户信任，甚至看作“客户忠诚”，事实上，客户满意只是客户信任的前提，只是企业在开展客户服务管理活动过程中成功迈出的第一步。

关键点提示

要想在供应链中为客户提供满意的服务，企业需要做到：

1.建立以客户为中心的供应链；2.识别客户的服务需求；3.定义客户服务目标；4.通过网络平台建立客户服务渠道；5.建立并实施客户满意战略。

第5章

供应链评价工作常见问题

在企业进行供应链构建以及供应链重构后，需要对企业的投入与产出进行综合的评价，这重点体现在客户满意度评价以及企业绩效评价上。供应链评价是企业内审的一项重要内容，因为只有通过长期的经常性评价才能搞清楚企业供应链现阶段的状况、存在的问题，才能明确方向，提出可接受的改善方案，使企业供应链不断完善。

5.1　如何建立标准并进行供应链评价

> **工作场景描述**
>
> 当企业要对供应链的价值进行评价时，可查看。

解读与分析

为了衡量供应链企业的人、财、物投入是否与其所获得的价值相匹配，确认其投入与产出之比，需要对企业的投入与所得进行评估，以确认供应链的运行是否给企业带来了效益，带来了多大的效益。在企业进行供应链构建以及供应链重构以后，或者是在一个里程碑阶段，企业都需要对供应链的价值进行评价，为此，需要做以下工作。

1. 组成专家评价小组

企业应根据实际情况，由决策层来决定供应链评价的方向，即决定是对供应链给企业带来的短期效益进行评价，还是对供应链对企业产生的长远影响进行评价。应由主要领导牵头成立评价小组，评价小组成员的专业方向应各有侧重，主要应有市场战略规划人员、企业财务主管、管理决策人员、企业中层执行经理，此外，考虑到企业发展对外关系的需要，可以适当地请一些政府官员或专家教授参与。

2. 确定需要评价的对象和内容

评价小组需要评价供应链给企业带来的效益，效益分为两个基本方面，即显性效益和隐性效益。显然，信息技术促进企业生产效率的提高就是显性效益，而先进管理模式和协同运作对企业产生的正面影响则属于隐性效益。

显性效益一般产生在企业的事务处理活动或者一线的业务处理活动方面。最常见、最直接的表现就是信息技术的应用使得传统工作方式发生改变，因而可以直接带来工作效率的提高和人力投入、费用、成本的减少等。有资料表明，一般企业实现信息化以后，其生产计划编制效率可提高100倍，物资供应计划编制效率可提高300倍，销售合同管理效率可提高12倍，库存管理效率可提高6倍，成本核算效率可提高10倍，生产统计效率可提高46倍。企业可以根据实际情况设置相应指标，对供应链给企业带来的隐性效益进行衡量评价。

在不同企业中，供应链给企业带来的隐性效益差别很大，一般可以从以下几个方面进行评价。

（1）数据集成共享。是否实现了业务经营数据的快速传递和共享，以满足企业对内外部信息及时了解和掌握的需求？

（2）管理模式。是否理顺和规范了业务流程，改进了不合理的业务环节，堵塞了管理漏洞，减少了人为的随意性？

（3）决策支持。是否为企业经营决策提供了真实的基于量化指标的多维度数据？

（4）资源分配。是否能够协调企业内部资源，进行合理规划和分配？

（5）业务管理。业务管理过程是否能够实现事前防范、事中监控以及事后分析？

3. 采用定性或定量分析方法

对于不同的评价对象，评价不可能全部以定量分析的方法进行。除了定量分析外，还应有定性分析。企业需要为定量分析的指标设置权重，以衡量评价对象在所有评价对象中的重要程度。

4. 编制和讨论评价报告，明确改进方向

在评价小组对各项指标进行评定后，应及时编制评价报告，评价报告应包含的内容有：评价的内容，评价依据与指标集，评价结果以及专家建议。为使评价报告的数据表示更为形象，应采用一些图表进行结果展示。

对于评价小组的评价报告，企业应给予关注，在许可范围内，使更多的企业成员了解评价结果，并组织人员对评价结果进行讨论，提出相关建议，以期达到持续改进和优化供应链运行机制的目的。供应链运行机制的培育需要供应链各方做出努力，而评价就是这种努力的一种重要体现，因为只有通过长期的经常性评价，才能搞清楚供应链现阶段的状况、存在的问题，才能明确改进方向，提出可接受的改善方案，并不断加以完善。

另外，在复杂多变的商业环境中，企业的业务发展战略不可能是固定不变的，价值评价标准也会发生变化。在企业进行供应链评价时，为了有利于进行历史比较，应保存

首次评价的指标集以及评价依据，并在将来评价时予以考虑。这样，从对企业供应链的评价对比中，我们便能看出企业的进步和需要改进的方向。

关键点提示

对供应链进行评价时，企业要做好以下几方面的工作：

1.组成专家评价小组；2.确定需要评价的对象和内容；3.采用定性或定量分析方法；4.编制和讨论评价报告，明确改进方向。

5.2　如何在供应链管理中进行客户服务评价

工作场景描述

当企业想要进行客户服务评价时，可查看。

解读与分析

“客户满意”作为一种经营理念，越来越为众多不同类型的企业所接受。在供应链企业实施客户满意战略后，需要进行客户服务评价。

1. 认识客户服务评价中的常见失误

客户服务评价是一项复杂的系统工程，在进行评价时很容易造成失误。常见的失误有以下几种。

（1）方法之误。目前大多数企业是通过客户满意度调查来计算出客户满意度，从而进行客户服务评价的。这种方法是以某一时点的静态结果倒推出客户对企业服务整体状况的看法，但客户满意度并不能充分地体现客户服务的质量。从发展趋势来看，每一个企业都应该根据自己在供应链中所处的位置建立起客户服务评价系统，使企业能够随时掌握客户感受，发现问题，解决问题，不能等到问题堆积到一定程度后才开始调研、分析、评价，此时，这些问题可能已经造成了难以挽回的损失。

（2）评价对象之误。不少企业在评价客户服务时，只针对终端客户来进行，忽视了内部客户和作为客户的供应链的下游企业。从供应链角度来看，客户可以分为终端客户（如最终消费者）、作为客户的供应链下游企业（如销售商、批发商、零售商、物流商）和内部客户（如生产线的下道工序就是上道工序的客户，销售部门就是生产部门的客户）。

客户群体可划分为一般客户群体、合适客户群体和关键客户群体。

（3）点面之误。有些企业习惯于依据一点（如某个环节）对客户服务进行评价，而忽视了从整个服务流程上进行评价，如倾向于对售后服务进行评价，而忽视对售前、售中服务进行评价，结果虽然发现了一些问题，也推出了改进措施，但效果仍不明显。解决问题的关键，就在于企业必须认识到客户服务是一个融合信息流、资金流、物流、工作流的专业化、整体性的服务过程，只从一点出发进行评价只能治标，不能治本，必须点面结合，作出综合评价，才能得出正确的结论。

另外，单个企业作为供应链中的一个节点，在进行客户服务评价时，也应该在供应链的整体背景下进行定性分析，这样才可能使评价全面准确。

（4）过程与结果之误。有些企业重视即时性调研评价，忽视积累性评价和连续性评价，在发现问题后或者感到某些环节有问题后才开始调研、评价，而不是将评价作为一个长期性、经常性的工作来做；即使做了一些调研、评价，也不注重积累，不以发展的眼光来分析。它们开展的评价总是阶段性的，结果导致本次评价发现的问题在下次评价时同样存在，老的问题没有解决，新的问题又冒了出来，使企业失信于员工，失信于合作伙伴，失信于客户。还有一种现象是注重结论，轻视过程。因为评价缺乏积累性和连续性，所以评价时只能就事论事，注重结论，结论出来后，也不知如何去系统地解决相关问题，导致政策朝令夕改，随意性强。有的甚至只喜欢好的结论，或者通过评价来证实结论。

2. 遵循客户服务评价原则

在客户服务评价过程中，有些通用性准则，我们称之为客户服务评价原则。

（1）准确性原则。在进行客户服务评价时，企业首先应明确评价的对象是什么：是终端客户、内部客户，还是作为客户的供应链下游企业？是一般客户、关键客户，还是这些客户类别中的更小细分？其次，应明确评价的目标是什么：是检验改进方案实施的效果，还是发现问题，或者其他什么目标？对象不准确、目标不准确，肯定会得出不准确的评价结论。

（2）过程化评价原则。把为客户服务放在供应链运行过程中考察，并且把客户服务本身作为一个过程考察，发现各环节、各要素的问题，评价考证，即使是某个环节、某个节点上的专项客户服务评价，也应如此。

（3）连续性原则。把客户服务评价作为一个连续性工作来做，每次评价虽然各有侧重，但整个过程、各次评价都应该相互关联。对某一过程的某一环节的客户服务进行评价时，也应该采用不同方式连续进行，避免结论失真。同时，还要将日常评价与专项评价结合起来，使评价连续地进行，减少随意性。

（4）内部评价与外部评价相结合原则。从方式上看，客户服务可由企业自身进行评价，也可由专业服务机构进行评价，但最好将二者结合起来。自评有利于不断自我提高，他评有利于发现自评不能发现的问题，因此应将二者结合起来进行。从众多优秀企业间合作的经验来看，现场办公会、协调办公会和专家共评会是将内部与外部评价结合起来的好方式。这几种方式不仅能使双方开诚布公地探讨问题，研究解决方案，还能以发展眼光评价问题，有利于供应链健康、高效地运行。

3. 明确客户服务的定义

我们将客户服务定义为在合适的时间和合适的场合，以合适的价格和合适的方式，向合适的客户提供合适的产品和服务，使客户的个性化需求得到满足，价值得到提高的活动过程。

4. 采用合适的评价方法

客户服务实际上是一个双向的互动过程，包括客户对服务的需求及企业对客户服务需求的响应和满足。在这个双向的互动过程中，评价主体（客户、企业）对评价对象（产品、服务、过程）的评价内容既有相同之处，也有不同之处。如果源于客户和源于企业的评价过程能够双向统一，评价内容是一致的，即企业的评价指标、评价方法能够与客户所关心的评价指标和评价方法相吻合，那么结果就是真实、有价值的，就能真实地反映出对企业提供的产品、服务的满意度。在具体的评价过程中，有以下环节。

（1）关键评价指标细化。关键评价指标应有两套指标体系。第一套指标体系是针对企业的指标体系。这套指标体系评价的侧重点是在企业现实环境下能够向客户提供何种产品和服务，包括响应时间、场合、价格、方式，预计客户需求满足程度，目的是了解企业客户服务的现实性与连续性。第二套指标体系是针对客户的指标体系。这套指标体系侧重于评价客户获得产品和服务的时间、场合和方式，以及客户需求满足程度，目的是了解客户感受。

（2）指标体系分析结果对比。将针对企业的指标体系分析结果与针对客户的指标体系分析结果进行对比，明确以下项目：指标体系分析结果的一致性与差异性，各层级客户的稳定性与波动性，现实指标体系分析结果与历史指标体系分析结果之间的稳定性与波动性，本区指标体系分析结果与他区指标体系分析结果的一致性与差异性，客户满足程度与客户需求之间的差距。

（3）寻找原因。寻找出一致性、稳定性原因，将波动性、差异性指标单列，细化为新的指标体系，采用现场访问法寻找波动性、差异性原因。

（4）改进与完善方案，制订行为准则。坚持一致性、稳定性的鼓励方案与行为准则；针对客户满足程度与客户需求之间的差距制订解决方案；针对波动性、差异性制订改进与完善方案，制订行为准则，细化解决方案。

（5）统一思想，培训落实。将解决方案和行为准则予以公示，统一员工思想，通过培训提高员工服务技能。

企业在对客户服务进行评价时，应采用多种方式，不能总是采用老一套的方法。同时，采用多种方式进行评价时，应注意各种评价方式之间的相互关联性，以便于综合分析，得出准确结论。

关键点提示

企业进行客户服务评价时，需要：

1.认识客户服务评价中的常见失误；2.遵循客户服务评价原则；3.明确客户服务的定义；4.采用合适的评价方法。

5.3　如何进行供应链时间效能评价

工作场景描述

当企业需要对供应链的时间效能进行评价时，可查看。

解读与分析

企业在供应链建设或重构后，对供应链整体的评价应包含对供应链时间效能的评价。为此，企业需要做到以下几点。

1. 认识时间与客户的关系

未来高速成长的企业将极有可能是这样的企业。

（1）为客户“创造”时间的企业。比如生命科学产业通过延长人类寿命，延缓人类衰老，为客户“创造”时间，因而可获得巨大增值。

（2）为客户节约时间的企业。这类企业通过为客户设计节约时间的方案和提供相关的服务，为客户节约时间，从而相对地、间接地产生巨大的财富。

（3）帮助客户充分享受时间的企业。比如旅游企业为客户提供全方位、个性化的旅游服务，帮助客户充分享受亲近自然的生活，在增强客户效用感受的同时为客户赢得精神财富。

帮助客户“创造”时间、节约时间以及充分享受时间的企业能够成功，同样地，对供应链时间效能进行评价时，也需要评价供应链是否能帮助客户“创造”时间、节约时间以及充分享受时间。

2. 以信息化效益来进行供应链时间效能评价

信息化可大幅节约时间，这是因为信息化可以提高企业各个环节的运作效率。我们可以从节约时间的角度评价企业信息化投入的价值，也可以依供应链企业信息化的投入带来的企业效率的提高程度，来对供应链的时间效能进行评价。

3. 以快速响应效益来进行供应链时间效能评价

供应链管理要使企业在“TQCSF”上有上佳表现（T为时间，企业的反应要快，如提前期短，交货迅速等；Q为质量，企业要进行品质控制，工作质量高；C为成本，企业要以更少的成本获取更大的收益；S为服务，企业要不断提高用户服务水平，提高用户满意度；F为柔性，企业要有较好的应变能力）。供应链企业推行快速响应（QR）系统，可以缩短响应时间，降低运作成本。QR系统的一个显著特点就是通过系统处理速度的加快来减少大量的前置时间。

4. 以资产价值来进行供应链时间效能评价

资产价值与时间具有相关性。比如库存就其本质而言是企业的资产，是金钱的物化形态。当企业货物积压滞销时，库存不能变为现金，并随时间而贬值。在这一点上，服装，特别是季节性和流行性很强的时装，表现尤为明显。一旦服装过季或过时，给企业带来的损失有时是无法估计的。因此，企业可以用资产价值来衡量供应链的时间效能。

5. 以工作效率来进行供应链时间效能评价

供应链变革带来了企业工作效率的变化。工作效率与时间相关，效率低肯定是在浪费时间。效率直接反映对时间的利用程度。在时间安排上，企业应首先处理重要又紧急的事情；其次，处理重要但不紧急的事情；再次，处理紧急但不重要的事情。

6. 以项目进度来进行供应链时间效能评价

在供应链企业中，“按时、保质地完成项目”大概是每一位项目经理最希望做到的，但工期拖延的情况时常发生。因而合理地安排项目开展的时间是项目管理中的一项关键内容，它的目的是保证按时完成项目，合理分配资源，产生最大工作效率。企业通过重组自己的业务活动来减少时间和成本上的浪费，其效能会体现在项目的进度上，体现在项目的按时完成上，更体现在与同类项目的进度对比上。

总的来说，供应链的时间效能主要从业务流程的时间节约方面体现，也可以从因时间节约而带来的效率提升方面体现，还可以从因效率提升而带来的效益提升方面体现，更可以从给客户带来利益从而给企业带来效益方面体现。对供应链时间效能的评价应围绕以上各方面进行。

关键点提示

对供应链的时间效能进行评价时，企业需要做到：

1.认识时间与客户的关系；2.以信息化效益来进行供应链时间效能评价；3.以快速响应效益来进行供应链时间效能评价；4.以资产价值来进行供应链时间效能评价；5.以工作效率来进行供应链时间效能评价；6.以项目进度来进行供应链时间效能评价。

5.4　如何进行供应链物流成本评价

工作场景描述

当企业需要对供应链的物流成本进行评价时，可查看。

解读与分析

供应链中的企业考虑物流成本问题，目的是控制费用。对供应链物流成本进行评价时，需要把握以下各点。

1. 分析物流成本的构成

流通领域中的物流成本一般包括库存、运输成本，货代方面的费用（货主费用）和管理费用。

（1）库存成本，包括仓储、税收、残损、折旧、人力和保险费用。

（2）运输成本，指货运成本（公路、铁路、水运、空运、管道运输成本）。

（3）货代方面的费用（货主费用），如货主方面的包装费。

（4）管理费用。其计算公式为：

$$管理费用=A\times（库存成本+运输成本）$$

A为常量，其取值范围视具体情况而定。

2. 使用成本性态分析

一般被用于进行成本研究的办法是成本性态分析方法，它将成本按其性态进行分类，即根据各项成本与业务量（如产量和销售量）的依存关系将成本分为三类。

（1）固定成本，指在相关范围内，与业务量变动无关的成本。

在企业物流成本中，固定成本体现为仓储、装卸、搬运、配送、流通加工和信息传递等环节具体的基础设施、设备、资源占用的成本及其运作成本。

（2）变动成本，指在相关范围内，与业务量变动呈正比例关系的成本。在企业物流成本中，变动成本包括由于物流运作不畅导致的库存费用增加所形成的资金利息成本、库存资金占用的机会成本、市场反应慢造成的损失及管理不善造成的货物损失和损坏的成本。

（3）半变动成本（或混合成本）。它们虽会随着业务量的变动而变动，但不保持正比例关系。在企业物流成本中，半变动成本有库存、运输成本中的人力和保险费用、管理费用等。

成本性态分析由于具有计算简便、结果直观等特点，所以被广泛应用于企业管理。但这种分析也存在一些问题，主要有以下几点。

（1）没有全面考虑影响成本变动的主要因素。成本变动不仅仅受到业务量变动的影响，还要受到来自内部和外部各种其他因素变动的影响，如企业领导的各种决策、竞争者的策略以及原材料价格等。即使只考虑业务量变动，影响成本各要素的业务量也不尽相同。如供应链企业中影响制造成本的业务量是产量，影响销售费用的业务量应为销售量，影响管理费用的为管理工作量，而影响财务费用的则是融资量的大小。这些业务量在成本性态分析中往往无法统一，只考虑一种因素而忽略其他因素，结果往往产生较大的误差。

（2）不能完全满足管理者的要求。成本分析是为企业管理者的决策服务的，所以其分析结果一定要满足企业管理者的要求。管理者往往希望知道其每一种决策会对总成本造成的影响，供应链的成本性态分析只提供了企业业务量的变动对总成本的影响，而这种业务量变动是否能被企业管理者控制，或其决策是否会导致其他影响总成本的因素发生变动等，均无法予以反映。

（3）“成本与产量之间完全线性联系”的假定不完全切合实际。成本性态分析的前提是成本的变动率是线性的，但在许多情况下，成本与产量之间的联系是非线性的。

（4）半变动成本的分解方法中含有估计的成分。半变动成本的分解方法一般有历史成本分析方法、工程研究法、账户分类法和合同认定法等。但不管哪一种分解方法，都带有一定程度的假定性，都是借助某一种相关要素来估算成本。所以，其分解的结果均不可能十分准确。

3. 使用成本可控性分析

成本项目按其在一定期间内能否为管理者所控制，分为可控成本和不可控成本。其中，可控成本是指在一定期间内为负责该项成本的管理人员所能控制的成本；与此相反的，即为不可控成本。

对企业的物流成本进行可控性分析时，首先需要划分出成本项目，项目管理者需要衡量该项目在一段时期内各成本项目的可控性。对项目管理者来说，大部分企业的物流成本项目是可控成本项目，如库存成本、运输成本、货代方面的费用，不可控成本如原材料价格等。

成本可控性分析的基本思想是：

（1）将成本项目按其可控性进行分类；

（2）由于可控成本项目是管理者可以对施加以影响的成本项目，故对于每一个可控成本项目，都要找出影响其变动的最终影响因素（如影响直接成本的因素有原材料价格），接着区分出这些影响因素中的可控（如产品产量、原材料准备等都与企业决策者的决策行为有关）和不可控（如原材料价格是由市场决定的）的因素；

（3）对各种影响因素的重要程度进行评价，找出其中对成本具有显著影响的主要因素（注意，可控因素的标准应适当放宽）；

（4）将这些可控的和不可控的因素的变动与成本变动程度之间建立数量联系（即建立数学模型），在有条件的情况下，可以在此基础上编制管理分析软件。

企业可以考虑运用成本可控性分析方法，这需要项目管理者划分成本项目。若要对成本较大的项目进行控制，则企业可以看有无办法降低该项费用，同时也要考虑尽可能地把不可控成本转变成可以控制的成本。当然，这需要项目管理者做一些沟通协调工作。

通过对供应链企业的物流成本进行分析，企业可以对下一年度的成本变动情况进行预测，也可以预测企业的各项决策变化对企业总成本的影响程度，便于企业管理者做出更为有效的决策并明确当年成本控制的关键所在。另外，在进行物流成本分析时，要注意物流成本效益背反原理对成本控制的影响，也要注意机会成本对决策的影响。

关键点提示

对供应链物流成本进行评价时，企业需要：

1.分析物流成本的构成；2.使用成本性态分析；3.使用成本可控性分析。

5.5 如何进行供应链企业绩效评价

工作场景描述

如需对供应链企业进行绩效评价时，可查看。

解读与分析

企业竞争环境的剧烈变化，迫切要求企业管理者更新现有的经营管理理念，从供应链的整体角度出发，加强对企业内部和外部各个环节的管理，并建立与之相适应的绩效评价体系，来测定整个供应链是否有能力适应竞争环境的变化，是否有能力满足市场不断变化的需求。在进行企业绩效评价时，管理者需要把握以下几点。

1. 认识企业绩效评价指标体系的构建原则

以供应链管理理论为依托的企业绩效评价指标体系的构建原则有：

（1）对关键绩效评价指标进行重点分析；

（2）重视对供应链业务流程的动态评价，而不仅仅是对静态经营结果的考核衡量；

（3）评价指标应能反映整个供应链的运营情况，而不是仅仅反映单个节点企业的运营情况；

（4）要能反映供应链各节点、部门之间的关系，注重相互间利益的关联性；

（5）要将定性评价和定量评价相结合，内部评价和外部评价相结合，并注意相互间的协调；

（6）重视对企业长期利益和长远发展潜力的评价。

2. 建立供应链企业业务流程的评价指标

（1）产销率。产销率是指在一定时期内企业已销售出去的产品和已生产产品数量的比值。供应链企业产销率是指一定时期内供应链各节点企业已销售出去的产品和已生产的产品数量的比值。该指标可反映供应链各节点企业在一定时期内的产销状况。该指标值越接近1，说明供应链各节点企业的资源利用程度越高，成品库存量越小。

（2）产需率。产需率是指在一定时期内，供应链各节点企业已生产的产品数量或提供的服务量与其下游节点或用户对该产品或服务的需求量的比值。该指标反映供应链各节点企业间的供需关系。产需率越接近1，说明上下游各节点企业间的供需关系越协调，准时交货率越高，反之，则说明上下游各节点企业间的准时供应率越低，或供应链综合管理水平越低。

（3）产品生产或服务提供循环期。产品生产或服务提供循环期是指供应链各节点企业产品生产或服务提供的间隔时间。该指标可反映各节点企业对其下游节点企业需求的响应程度，循环期越短，说明该节点企业对其下游节点企业的快速响应性越好。在实际评价中，我们可以以各节点的产品生产或服务提供循环期总值或循环期最长的节点指标为整个供应链的产品生产或服务提供的循环期。

（4）供应链总运营成本指标。供应链总运营成本包括以下几项。

①供应链信息系统成本。供应链信息系统的开发与维护费及EDI、互联网的建设和使用费等费用。

②供应链总库存费用，包括各节点企业在制品库存和成品库存费用，各节点之间运输储存费用。

③各节点企业外部运输费用。该费用为供应链中所有节点企业之间运输费用之和。

3. 建立对供应链上下节点间企业关系的评价指标

（1）准时交货率。准时交货率是指在一定时期内供应链各节点企业准时交货次数占其总交货次数的百分比。准时交货率低，说明其配套协作的生产、服务能力达不到要求，或对生产、服务过程的组织管理能力不能满足供应链运行要求；反之，则说明供应链的生产、服务能力强，生产管理水平高。

（2）成本利润率。成本利润率是指供应链各节点企业单位产品（或服务）净利润占单位产品（或服务）总成本的百分比。产品（或服务）成本利润率越高，说明供应链企业的盈利能力越强，综合管理水平越高。

（3）产品质量合格率。产品质量合格率是指供应链各节点企业提供的质量合格的产品（或服务）数量占产品（或服务）总量的百分比，它反映供应链节点企业提供产品（或服务）的质量的高低。

（4）售后服务质量指标。售后服务质量指标用于定性地评价供应链各节点企业在销售产品或提供服务后跟踪开展持续服务的质量。在竞争激烈的市场环境下，售后服务成为竞争对手间非价格竞争、留住客户、挖掘客户潜在需求的主要手段。售后服务质量指标主要有客户售后服务响应时间、一定时期内的客户访问次数、产品（或服务）返修率、客户抱怨投诉次数等。

4. 建立供应链企业经济效益评价指标

进行供应链企业经济效益评价时，可采用传统关键性的财务评价指标，如销售利润率、可比产品成本降低率、存货周转率、应收账款周转率、总产值增长率、利润增长率等，各指标的含义均很明显，应用也很广泛。需要说明的是，对供应链企业经济效益的评价应从收益性、安全性、流动性、成长性四个方面进行全面衡量。另外，应从供应链企业的远景目标和发展战略出发选取关键性的财务评价指标，并注意与其他层次评价指标的相容性，避免相互间冗余、冲突。

5. 建立供应链企业创新与学习能力评价指标

（1）智力资本比率。智力资本比率是指供应链企业的组织资本和人力资本在企业总资产中所占的比重。智力资本比率指标可在一定程度上反映企业是否重视智力资本以及智力资本在其生产经营活动中发挥作用的大小，在一定程度上是企业在新经济条件下能否适应市场，在竞争中生存、发展能力的体现。

（2）新产品（或服务）收入比率。新产品（或服务）收入比率，是指供应链企业在一定时期内提供的新型产品或服务所获得的收入占总收入的百分比。该指标反映的是企业新产品（或服务）的研发能力和对新产品（或服务）的综合营销能力。新产品（或服务）收入比率越大，说明供应链企业的新产品（或服务）设计、开发能力越强，对新产品（或服务）的综合营销能力也越强。

（3）员工建议增长率。员工建议增长率，是指一定时期内供应链企业员工向企业提交的合理化建议数量与上一评价期相比的增长率。该指标值越高，说明企业内民主管理意识越强，员工的参与意识越强。从某种意义上来说员工建议增长率指标是供应链企业管理活力强弱的具体体现。

确定了绩效评价指标后，可选择一定的评价方法对本企业的供应链经营管理绩效进行定量、定性评价。首先，需要确定各层次指标的相对权重，再运用一定的方法得出一个反映本企业的供应链经营管理绩效的综合指标值。另外，企业绩效的评价和指标设定应根据企业具体的发展远景和战略进行，因而不同企业的供应链评价侧重点和具体评价指标也会不同。

关键点提示

对供应链企业进行绩效评价时需要做到以下几点：

1.认识企业绩效评价指标体系的构建原则；2.建立供应链企业业务流程的评价指标；3.建立对供应链上下节点间企业关系的评价指标；4.建立供应链企业经济效益评价指标；5.建立供应链企业创新与学习能力评价指标。

5.6　如何评价供应链信息系统

工作场景描述

当企业需对供应链信息系统进行评价时，可查看。

解读与分析

现代供应链连接着产、供、运、销等企业，涉及的地域范围很广，涉及的时间跨度很大，对现代信息系统要求较高，相应的投入也大。为明了投入与产出的关系，企业需对供应链信息系统进行评价，主要内容如下。

1. 从管理角度进行评价

（1）是否体现了先进管理思想？任何软件都是管理思想的体现。供应链管理是一种新的管理思想，其信息系统会因不同管理流派对供应链管理理解的不同而不同。

（2）是否体现了集成？供应链管理实际上应该包括供应链组织内部各功能部门之间的集成和供应链上下游组织之间的集成，集成的内容包括商流、物流、信息流等的集成，集成的对象有资源、组织、业务、流程等。信息系统在这些方面均应有所体现。

2. 从系统功能角度进行评价

带有供应链规划功能的一类软件称为广义的供应链管理软件，它按照管理过程进行供应链组织间的计划、安排进度表及供应链计划的执行与控制，着重于对整个供应链和供应网络的优化以及整个供应链计划的实现。好的供应链信息系统所含的套件，涉及从订单输入到产品交付等并行于制造业务流程的全部业务过程。

3. 从系统的使用效果角度进行评价

（1）是否使各供应链环节协调运作？将各供应链环节间的业务流程数据化、电子化，再通过有效的方式连接起来，可实现各环节信息的互动。整个信息系统将变成一个综合的立体全方位网络，其中物流将转化为灵活控制的信息流。

（2）是否提高了服务质量？服务质量是服务效果的集中反映，可以用时间、费用、效率来衡量，其变化突出表现在减少供应时间、降低物流成本、提高效率等方面。

（3）是否提高了信息管理和利用能力？企业是否通过供应链信息系统在信息加工、处理、利用上上一个台阶，信息传递更有效率？

4. 建立企业信息化评价指标体系并用其进行评估

企业信息系统效益评价是企业信息化评估的核心。在设计企业信息化评价指标体系时，主要考虑企业信息化效益问题。企业信息化效益包括经济效益和社会效益，经济效益又包括有形经济效益和无形经济效益。

（1）企业信息化的社会效益包括：信息化给人类社会带来的转变，信息化对促进社会文明发展、提高全民素质的影响，信息化对促进国家科技进步、提高国民生产力的影响，信息化对社会产业结构调整和优化的影响，信息化对促进管理方法现代化的影响，信息化对企业就业结构和就业机会改善的影响，信息化对企业内部管理体制改革的影响，信息化对改善企业人力资源开发利用的影响，信息化对改善工作环境、企业竞争环境、企业经营环境所做出的贡献，信息化对改善环境保护效果的影响，信息化为节约资源、节约能源所做出的贡献。

（2）企业信息化为企业自身发展带来了正向的改变，促使企业管理向着更专业化方向发展，这些效益包括：管理信息支持程度、战略目标匹配程度、竞争优势支持程度、竞争反应、组织机构风险、战略信息系统构造、技术不确定性、所需环境投资风险。

企业信息化评价指标体系的构成如下。

（1）企业信息系统评价指标：平台利用指标、信息利用指标、管理效率指标。

（2）企业管理系统评价指标：组织结构指标、管理方式指标、管理流程指标、人员素质指标、企业文化指标、决策水平指标、战略目标指标。

（3）企业业务系统评价指标：业务流程指标、响应速度指标、满意程度指标、市场份额指标、质量保证指标、成本水平指标。

信息技术为人们带来了好处，给企业带来了深刻的变革，这都是毋庸置疑的。IT技术投资的复杂性，使得人们难以估计当前投资对未来收益的贡献。评价企业信息系统时，既要体现管理与应用水平，又要体现效益和效率；既要体现直接效益，又要体现发展潜力和价值。

关键点提示

对供应链信息系统进行评价时，企业应主要抓好：

1.从管理角度进行评价；2.从系统功能角度进行评价；3.从系统的使用效果角度进行评价；4.建立企业信息化评价指标体系并用其进行评估。

第6章

供应链企业变革管理常见问题

当今，市场形势瞬息万变，市场竞争愈演愈烈，每个企业都有危机感。作为现代企业大军中的重要一员，供应链企业同样面临着风险和挑战。

供应链企业必须具有敏锐的变革意识，依据企业内外环境的变化，及时调整企业发展战略和生产计划；改进业务流程，优化资源配置；整合上下游产业，加强企业与企业之间、部门与部门之间的合作；依托现代信息技术实现信息共享，提高作业效率，推动供应链向协同化、快捷化、网络化、全球化方向发展，获得强大的、持久的竞争优势。

6.1　如何制订供应链管理实施战略

工作场景描述

当企业需制订供应链管理实施战略时，可查看。

解读与分析

制订供应链管理实施战略，就是要解决一个企业在具体实施供应链管理时所依据的方法和策略，避免其走弯路或出现失误。制订供应链管理实施战略时，企业要做到以下几点：

1. 广泛应用计算机技术，充分发挥信息的作用

供应链管理与计算机技术紧密相关，供应链企业要对计算机辅助设计、辅助制造，计算机仿真与建模分析技术加以应用。企业还需根据自己的行业特点和实际状况，设计和实施企业内部互联网运行方案，提供市场营销功能、项目管理功能、客户服务和支持功能，完成企业内外的信息沟通和管理，从而帮助客户服务与支持部门共享客户的反馈信息。

2. 积极推行管理体系认证

供应链企业要不断改进和提高物流服务质量，积极推行实施ISO质量标准认证。这样一方面有利于提高管理水平，增强企业竞争力，另一方面，可凭借它获得一体化市场的通行证，使企业尽快融入世界经济市场，并在日趋激烈的市场竞争中取得领先地位。供应链企业在认证过程中应贯彻“持续改进”思想，不能为认证而认证。

3. 开展供应链企业间的合作

从竞争走向合作，从互相保密走向信息交流，实际上会给企业带来更大利益。供应链企业间合作现今已经发展到了企业同以前竞争对手之间的合作。企业间的合作也可采用敏捷制造的方式进行，这当然要解决利益分配的问题，供应商、合作伙伴以及客户都能共享信息，互利互惠。

4. 研讨供应链的方法论

所谓方法论，就是在实现某一目标，完成某一项大工程时，所需要使用的一整套方法的集合。方法论能帮助人们少走弯路，避免损失。

有两种不同的供应链运作方式，一种称为推动式，一种称为牵引式。推动式的供应链运作方式以制造商为核心，产品生产出来以后从分销商处开始逐级推向用户，分销商和零售商处于被动接受的地位，各个企业之间的集成度较低，通常采取提高安全库存量的办法来应付需求变动，因此整个供应链上的库存量较大，对需求变动的响应能力较差。牵引式供应链运作方式的驱动力产生于最终用户，因此整个供应链的集成度较高，信息交换迅速，可以根据用户的需求实现定制化服务，供应链系统库存量相对较低。

作为供应链管理战略的内容之一，制订供应链管理实施战略就是要选择适合自己实际情况的运作方式。牵引式供应链运作方式虽然整体绩效表现出色，但对供应链上企业的要求较高，对供应链运作的技术基础要求也较高，推动式供应链运作方式则相对较为容易实施。企业采取什么样的供应链运作方式，与企业的基础管理水平有很大关系，切不可盲目模仿其他企业的成功做法，因为不同企业有不同的管理文化，盲目模仿反而会得不偿失。

5. 充分发挥标准和法规的作用

目前产品和生产过程的各种标准还不统一，未来制造业的生产变异又非常突出，如果没有标准，不论对国家、对企业、对企业间的合作还是对用户都非常不利，因此供应链企业必须实施标准化运作。现行法规包括政府贷款规定、技术政策、反垄断法规、税法、进出口法、国际贸易协定等，对于它们，供应链企业也应积极跟踪。

以上是在制订供应链管理实施战略中企业需要注意的几个方面。另外，企业还需要进一步考虑开展规模经营、提高效益的问题以及人才引进和内部企业文化设计问题。通过应用这些方法论和策略，企业可使自己在与国际、国内同行竞争的争夺战中保持优势。

关键点提示

制订供应链管理实施战略时，企业需要：

1.广泛应用计算机技术，充分发挥信息的作用；2.积极推行管理体系认证；3.开展供应链企业间的合作；4.研讨供应链的方法论；5.充分发挥标准和法规的作用。

6.2　如何进行供应链企业的分层管理

工作场景描述

当企业需了解供应链企业分层管理的内容时，可查看。

解读与分析

供应链企业要想实施管理创新，提升企业品质，争取在市场拓展方面再上台阶，就需要完善组织管理职能，理顺企业的组织管理系统和企业战略层、管理层、执行层之间的关系，提高员工工作积极性和工作效率，促进企业规范运作。为此，企业需要把握好以下几点。

1. 形成有行为能力的股东大会

股东大会的行为能力是整个企业治理结构形成的基础。如果股东大会没有行为能力，就难以行使决策权、授予权、监督权（如对监事会的监督权）等权力。使股东大会有行为能力，是保证股东利益的重要前提。

2. 形成企业的组织治理结构

供应链企业通过建立相互制约的组织体系，进行各主体之间的权责划分、权责制衡，就能充分实现股东大会的有效授权。如果股东或股东大会拥有各种行为能力，就可以自己经营，也就不必聘请经营者。正是由于股东或股东大会的行为能力受到局限，故企业有必要设立经营权主体，在设立经营权主体后，就必须设立另一主体来监督经营权主体的行为是否符合所有权要求。

这种组织治理结构是分权式的结构，不仅产生了不同功能的主体，而且多主体间相互制衡，从而保证了董事会、总经理及其集体的行为与所有者的目标一致。

从这个意义上讲，形成企业的组织治理结构的根本目标就是要完成对经营者集体的监督与制约，使经营者集体不发生背德行为。

3. 形成企业的决策治理结构

在企业组织治理结构的分权体系中，经营者集体享有了经营决策权和经营执行权。企业的根本任务不仅是要保护股东投入资本的价值，还要经营投入的资本，以使资本增值。要想达成此目标，经营者就必须进行科学、有效的经营决策，为此必须具有两个基本条件。一是经营者能够站在客观公正的立场上进行决策，也就是所做出的决策必须反映决策事项本身的性质，不能以各自的好恶进行决策，或者说要为所有者或股东的利益而决策，不能以经营者的利益为出发点进行决策。二是经营者能够做出正确的决策，这当然要求决策主体具有专业水平。两个条件中，第一个条件是第二个条件的前提，它的根本目的是要实现决策维权，就是维护股东投资的安全。为此，企业要建立决策制衡机制，防止侵权决策。第二个条件的根本目的是要实现决策维利，就是维护股东投资的收益，因此，企业要建立决策优化机制，防止做出错误决策。

4. 建立健全企业的内部控制制度

内部控制制度，是为了保护企业财产的安全，防止会计信息失真，保证企业的经营决策得以实行而在企业内部建立的一整套制度体系。这套制度体系的建立基于的是企业内部存在分层委托代理关系。其中首先是董事会与经理层之间的分层委托代理关系，其次是企业内部实行的分层管理，即在每一个上层与下层之间发生的委托代理关系。在这一委托代理关系体系中，所有者的财产被分层委托代理经营、管理，经营者或其集体的决策被分层授权执行，企业各层次的信息也在被逐层上报或逐层下传。要想保证所有者或股东的利益全面实现，企业不能仅仅依靠组织治理和决策治理结构，还必须建立一个有效的控制体系，使企业的每个层次都能保证所管财产的安全，保证所提供信息的真实，保证对决策的有力执行。在企业内部分层管理的情况下，所有者自己出钱自己经营的状况将得到彻底改变，变为所有者出资、企业内部多层次经营管理的形式。所以，所有者或股东的财产不仅由经营者或其集体代理经营和管理，还要由各个较低层次的员工代理经营和管理。这是对所有者与经营者委托代理关系的一种延伸。在这样一种延伸体系下，企业应建立健全内部控制层次，维护股东的利益，保证经营者或其集体决策得以全面贯彻。

供应链企业内部治理结构的四个方面是一个完整的体系。股东大会的行为能力是治理结构的基础；组织治理结构是要在两权分离的条件下，保证经营者或其集体的行为与所有者或股东的目标一致；决策治理结构是为了保证经营者或其集体的决策科学、有效。组织治理结构和决策治理结构正好能够实现两权分离条件下所有者资本保值、增值这两个目标，且其针对的主体是经营者或其集体；内部控制制度则是将所有者资本保值、增值的目标，以及为实现这一目标经营者或其集体所做出的经营决策在企业各个层次落实的一个体系。四者缺一不可。

关键点提示

进行供应链企业的分层管理时，企业需要：

1.形成有行为能力的股东大会；2.形成企业的组织治理结构；3.形成企业的决策治理结构；4.建立健全企业的内部控制制度。

6.3　如何变革企业组织以适应供应链管理模式

工作场景描述

当企业需变革企业组织，以适应供应链管理模式时，可查看。

解读与分析

现代供应链管理理论强调核心企业与相关企业的协作关系，鼓励通过信息共享、技术扩散（交流与合作）、资源优化配置和构建有效的价值链激励机制等方法来实现经营一体化。为此，企业需要通过变革企业组织以满足供应链管理的需求。

1. 认识供应链中物流组织的发展历程

物流组织的出现和发展是人们对物流认识不断深化的结果。物流组织的演进大体可分为以下几个阶段。

（1）功能集成化发展阶段。20世纪60年代初期开始出现的物流功能集成往往只发生在同一职能部门和组织的直线管理层。20世纪70年代后，随着企业集成运作物流成本的降低和物流水平的提高，专业物资配送和生产组织下的物料管理各成一套体系，发展很快。在制造业中，这种各自一体化的物流组织结构目前仍很普遍。

（2）功能一体化组织阶段。20世纪80年代初出现了物流功能一体化组织，即在一个高层物流经理的领导下，统一所有的物流功能和运作，将采购、储运、配送、物料管理等物流的每一个领域组合成一体化运作的组织单元，形成总的企业内部一体化物流框架。

（3）过程一体化组织阶段。20世纪90年代以来，物流管理由重视功能转变为重视过程，通过管理过程而非功能提高物流效率成为整合物流的核心，产生了矩阵型、团队型、联盟型等物流组织形式。

（4）虚拟与网络化组织阶段。20世纪90年代中期以后，信息和网络技术的快速发展，为虚拟与网络化物流组织的产生和发展提供了外部环境。

（5）物流组织的发展趋势。21世纪物流业在全球市场化的激烈竞争中形成了多元化网络，物流业将呈现出信息化、网络化、智能化、柔性化、标准化和社会化的特征，企业物流组织发展将呈以下趋势。

①由职能垂直化向过程扁平化方向转变。

②由固定刚性化向临时柔性化方向转变。

③由内部一体化向虚拟化、网络化方向发展。

2. 建立市场快速反应机制

市场快速反应机制，是企业在不确定的市场条件下竞争环境条件下所建立的快速、高效的条件反射机制，也是企业在激烈的竞争环境条件下所建立的快速自我适应和调整的内在反应机制和生存竞争机制。企业必须通过建立市场快速反应机制，才能够始终处于高效发展中，在行业中始终处于领先地位。市场快速反应机制在企业转型中主要表现为以下几个方面：一是企业对外部市场环境的快速反应，二是企业对竞争对手及其行为所做出的快速反应，三是企业对自身组织机体发展变化所做出的快速反应，四是企业对市场变化的一种快速适应能力，五是企业对市场变化和市场发展趋势的一种快速跟进能力。

要想实现对市场的快速反应，企业必须具有以下几个方面的能力：首先是对市场信息的敏锐感知能力，其次是对市场商机的领悟能力，再次是对市场机会的准确把握和果断决策能力，最后是企业应具备市场快速机制所要求的基本资源和基本条件。

3. 进行技术快速创新机制变革

技术快速创新机制是为适应企业战略发展要求而采用的支撑组织运行的技术系统，它包括组织技术快速发展机制、组织快速运用技术机制两个主要方面。组织技术快速发展机制，是指企业为适应组织环境变化速度，更好地发挥组织功能而采取的一种推动组织技术快速发展的机制。组织快速运用技术机制，是对组织内部和外部各种新技术和适宜技术的快速推广、快速引进和快速运用的机制。

（1）组织技术快速发展机制。为适应企业转型战略发展需要以及组织环境的变化趋势，更好地发挥组织功能，企业需要采取一种推动组织技术快速发展的机制，如组织结构从职能制发展为事业部制，再进一步发展为矩阵结构、网络结构等。这就是组织技术快速发展机制的体现，是企业适应外部市场结构变化和竞争环境变化要求的体现。

（2）组织快速运用技术机制。为跟上技术发展步伐，企业要对内部和外部的各种新技术和适宜技术进行快速推广、快速引进和快速运用，为实现战略目标提供技术支持系统。

由于电子商务和现代信息技术的发展十分迅速，产品与技术的生命周期十分短暂，企业技术运用的时间差大大缩短，因此，企业必须通过技术快速创新机制，不断进行技术创新，用新技术来推动和促进企业转型与发展。

4. 进行管理创新机制变革

企业组织的创新不仅受企业规模、企业生命周期、人员素质等内部因素的影响，还受产业特征、竞争状况、环境变动等外部因素的影响。管理创新机制正是为保证企业的未来产业发展战略、发展目标的实现而生的，具体内容如下。

（1）战略管理创新。这种创新就是在对外部环境进行分析和判断的基础上及时进行准确的战略定位和目标调整。以流通产业为例，就是从传统的业态和领域逐步转向新的产业方向——以供应链管理为基础的第三方物流，并对传统的业态进行及时的调整与收缩。

（2）内部管理和流程创新。这种创新就是根据产业发展要求及时、果断地对企业业务流程和组织职能进行调整。如某些企业可从以传统贸易业务为主的发展路径逐步转向以新型物流为主，在组织功能上突出第三方物流的组织结构设计，增加物流技术部等。

（3）激励机制创新。这种创新即根据外部市场竞争的需要和组织进一步发展的要求，进行人力资本激励制度的重新设计。

5. 进行决策机制变革

实现企业产业转型和未来发展的关键是建立高效、科学的决策机制。所谓高效、科学的决策，就是决策通过科学的方法与程序来制订，以达到快速、高效决定与执行的效果。它的基本要求是：①权力结构设计要高效、科学；②管理层次设计要高效、科学；③执行结构设计要高效、科学。与一般决策机制相比，高效、科学的决策机制具有以下几个特点。

（1）决策的层次较少。

（2）决策经过了合理、科学的权力分解，即决策人根据决策的类别、重要程度、项目金额大小等因素进行决策重新组合；

（3）通过专家或者智力系统进行决策预审和决策分流。没有必要将类别不同、大小不一、轻重缓急不一的问题都集中在决策部门进行解决。

6. 建立平衡协调机制

平衡协调机制是企业组织发展过程中为实现战略发展与既定目标而采用的自我调节和自我平衡机制，这种机制可使企业组织更为顺畅地实现战略目标。平衡协调机制具体包括以下内容：一是组织协调与平衡机制，二是目标协调与平衡机制，三是机制协调与平衡机制，四是文化协调与平衡机制。

7. 建立客户差异化服务机制

在供应链中，任何企业都不可能具备所有的资源要素，穷尽所有的服务项目，因此，企业要根据自身的资源、组织、能力、技术等因素确定自身的定位，确定企业发展战略，发展自己的核心竞争力。

只有在各自的领域精耕细作，把核心业务做深、做透、做大、做强，才能构造一种比较竞争优势与核心竞争能力融为一体的竞争性赢利模式，确保企业的可持续发展。企业需要依据不同客户需求提供不同的服务内容，提供差异化服务，最大限度地保障自己的利润。

在变革组织以适应供应链管理的需要时，企业可以参考同类企业的经验，但不能简单地照搬，要在稳定发展中进行创新。

关键点提示

变革企业组织以适应供应链管理模式时，企业需要：

1.认识供应链中物流组织的发展历程；2.建立市场快速反应机制；3.进行技术快速创新机制变革；4.进行管理创新机制变革；5.进行决策机制变革；6.建立平衡协调机制；7.建立客户差异化服务机制。

6.4　如何在供应链中协调企业间关系

工作场景描述

当企业需维护与协调企业之间的关系，以实现供应链的有效运行时，可查看。

解读与分析

企业无论生产哪种产品，都要经过客户订货、制订生产计划、原料采购、加工生产、产品检验、产品出厂等过程，并因此与供应商和消费者形成了供应链关系。供应链管理需要协调企业之间（从供应商到消费者）在整个链条上或网络中的信息流、资金流及物流等。为此，企业需要做好以下几点工作。

1. 调整组织，适应快速响应要求

供应链管理旨在协调企业内外部资源来共同满足消费者需求。作为一种基于协作的策略，它把跨企业的业务运作联合在一起，以期抓住市场机会实现共同愿景。为此，企业需要重新定义各项业务及其相互关系，在管理和组织上采取更灵活的方式，对供应链上供需关系的变动，同步、敏捷、及时地做出响应，在准确、及时、完整掌握信息的基础上，做出正确决策，尽力能动地采取措施。

2. 构建电子商务网络，促进信息共享

企业需要与包括供应商等在内的上下游企业紧密配合，实现供应链管理。而B2B电子商务正好面向整个供应链，利用互联网，整合企业的上下游产业，构成一个电子商务供应链网络，使得企业供应链上的所有参与者可以通过网络实现资料互换、信息共享，从而可以整合合作共同体的资源，消除整个供应链网络上不必要的动作和消耗，促进供应链向动态、虚拟、全球网络化的方向发展。

3. 构建企业间的战略合作关系

企业同其销售代理、客户和供应商的关系，不再是简单的业务往来关系，而是利益共享的合作伙伴关系，这是现代管理观念的重大转变。这种合作伙伴关系组成了一个企业的供应链。当前企业之间的竞争不再是一个企业与一个企业的竞争，已发展成为一个企业的供应链同竞争对手的供应链之间的竞争。从跨国公司的实践来看，现代物流与供应链的发展方向都会从追求降低成本转到协调企业之间的合作、提升供应链竞争力上来。虽然我国发展市场经济的时间不长，现代物流更是刚刚开始，但是企业之间建立战略合作伙伴关系，发展供应链的观念已经受到重视，特别是一些行业的领袖企业已经开始了一些值得关注的探索。

4. 利用业务外包，充分利用联盟企业的资源

企业间的关系中最核心的是利益关系，故供应链管理的一个重要方面，就是利用业务外包整合资源。这样企业可以把资源集中在核心竞争力构建上，以便获取最大的投资回报，那些不属于核心能力的功能应该被弱化或者外包。业务外包可以充分利用联盟企业的资源，获得更大的竞争优势。

业务外包可以利用的资源还有时间和资金。传统的企业，往往拥有全过程自我投资和建设的部门，从基建部门到制造车间，到装配、验收部门，再到包装车间，都是企业自己一手建立起来的。这通常导致项目完工的时候，就是经营面临困难的时候，企业负债累累，产品延期交货，一系列问题相继出现。而业务外包可以获得多个联盟企业的协作，缩短产品生产和开发周期，保证企业在最短的时间内推出最新的产品，而且这样做可以利用联盟企业的资金，降低自身的经营风险，从而更轻松地获得竞争优势。

5. 以满足市场需求为目的，协调企业间关系

在发达国家的企业中，“关系管理”已受到广泛关注，企业纷纷从CI战略管理转向了CS战略管理（CS即英文“顾客满意”的缩写）。企业关系管理的内涵将市场需求作为企业最高目标，把消费者视为企业经营的主要驱动力，企业管理组织的中心位置是协调各方面内外关系。同时企业采用市场关系信息管理系统，可对市场需求、上游企业、配套协作伙伴及内部员工等不断变化的情况进行随时监测，指导企业提高关系管理水平。现代企业家应通过强化企业关系管理与协调各方企业间关系，以适应日趋成熟的市场，培养更多的忠诚客户，营造员工满意的工作环境。

6. 推进协调发展

供应链企业需推进协调发展，积极承担社会责任，进一步拓宽管理创新的领域，改变生产方式，整合资源，减少对土地等资源的占用和浪费；加强环境保护，发展循环经济；协调企业内外部利益相关者（包括员工、客户、供应商、社区、公众和学校等）的关系；讲诚信，树立企业的公信力，使之成为核心竞争力的重要组成部分等。

协调企业之间的关系是企业关系管理的重要内容。企业需要建立和维护、巩固和发展自身与消费者、供应商、合作伙伴、金融机构、政府部门以及企业内部员工间的关系。企业关系管理在供应链企业中应该引起充分重视。

关键点提示

协调企业之间的关系时，企业需要做到：

1.调整组织，适应快速响应要求；2.构建电子商务网络，促进信息共享；3.构建企业间的战略合作关系；4.利用业务外包，充分利用联盟企业的资源；5.以满足市场需求为目的地协调企业间关系；6.推进协调发展。

6.5 如何在供应链中协调部门间关系

工作场景描述

当企业需维护各部门之间的关系，以实现供应链有效运行时，可查看。

解读与分析

供应链中的企业需要协调好其与周围环境之间的关系。在企业内部，则需要协调好部门之间的关系，即进行部门间的工作职责划分以及协调部门间工作的相互关系；对于业务流程复杂的企业，则需要就流程优化协调企业内业务的复杂关系时，企业协调企业内部门间的关系，需要做好下列各项工作。

1. 借助信息系统与计算机网络协调部门间关系

企业要想提供优质服务，就要协调企业各职能部门间的关系，对经营信息实现全方位的动态管理，达到科学化、准确化、标准化、敏捷化和智能化的管理要求，这就必须借助现代计算机通信网络技术和先进的商业经营管理信息系统。

2. 围绕市场需求协调部门间关系

协调各部门间的关系，使企业各个部门以市场为导向，更加灵活或“柔性”地开展业务活动，适时地响应市场需求，就能进一步提高企业的竞争力，使企业在激烈的市场竞争中全方位地发挥自己的能力，从而取得最好的经济效益。它要求企业以市场为导向，将物资供应、生产和销售等环节的各项作业整合成连续、同步的“作业流程”，消除作业链中一切不能增加价值的作业，使企业处于持续改善状态，促进企业整体价值链的优化，增强企业竞争优势。

3. 以提高快速响应能力为目标协调部门间关系

提高快速响应能力要求从计划入手，全面协调企业内部各部门间的业务。如在生产组织方面，根据销售计划及库存情况制订生产计划，同时生成相关的物料采购计划和质量检验计划；在销售、采购业务中分别与库存、应收应付相结合；重新定义企业各项业务及其相互关系，在管理和组织上采取更科学、更灵活的方式，对供应链上供需关系的变动同步、敏捷、适时地做出响应。由于这种协调是建立在全面掌握准确、及时、完整信息基础上的，因而可以帮助企业做出正确的决策，使企业在变化的市场中保持主动。

4. 以企业文化为导向协调部门间关系

传统的企业组织一般按客户、产品种类或管理职能把部门划分为相对独立的利润中心、成本中心、责任中心和绩效中心。网络化生产打破了传统企业内部的生产关系。在网络化的层级结构下，当管理中枢无须直接利用权力去分配和协调下属单位的活动后，其重要的工作内容就不单单是组织信息的收集、处理与传播，而是要通过基本政策的制定，借助各种沟通渠道，去倡导某种适合企业特点的文化，大张旗鼓地宣传这种文化，总结和介绍在这种文化影响下成功工作单元的事例，以促进这种文化所包含的价值观和行为观被各工作单元迅速地接受，并成为影响它们行为选择的基本规范。

为使供应链有效运行，企业需要在内部协调各部门之间的关系，以市场为导向开展业务活动，以更好地增强企业的市场应变能力和快速反应能力。

关键点提示

协调企业内部部门间的关系时，企业需要做到：

1.借助信息系统与计算机网络协调部门间关系；2.围绕市场需求协调部门间关系；3.以提高快速响应能力为目标协调部门间关系；4.以企业文化为导向协调部门间关系。

6.6 如何建立供应链激励机制

工作场景描述

当企业需明确建立供应链激励机制的操作步骤时，可查看。

解读与分析

建立激励机制前，企业需要了解激励对象的需要和动机的规律性，这样才能预测、引导和控制其行为，这就是“需要-动机-行为-目标”激励模式。供应链企业建立激励机制时，需要做到以下几点。

1. 认识基本的激励方式

激励的目的实际上是满足激励对象的需求，需求是多种多样的，所以激励的途径也是多种多样的。我们可以根据激励性质的不同，把激励分为物质激励和精神激励两类。

物质激励的内容对员工而言包括工资奖金和各种公共福利。它是一种最基本的激励手段，因为获得更多的物质利益是普通员工的共同愿望，它决定着员工基本需要的满足程度。同时，员工收入状况的改善，影响着其社会地位、社会交往等精神需要的满足。典型的激励方法有奖金激励、股权激励等。

精神激励主要是为了使激励对象的精神世界得到满足。精神激励方式多种多样，典型的激励方式有榜样激励、荣誉激励、目标激励、理想激励等。

2. 建立供应链企业内员工激励机制

企业中每位员工的需求不同，但每个人都同时存在着物质和精神两种需求，所以物质激励与精神激励同等重要，不可偏废。另外，企业中的激励形式越多种多样，就越能满足不同员工的需求。供应链企业内员工激励机制一般有如下几种。

（1）物质激励机制。物质激励机制需要通过绩效考核保证其客观性和公平性。企业内物质激励机制一般与项目挂钩。为了体现奖金的公平性原则，供应链企业可以考虑项目奖金的基数与员工岗位工资挂钩，项目奖金的系数与绩效考核成绩相联系。也就是说，在绩效考核成绩相同的情况下，岗位工资越高（专业技术能力越强），项目奖金越高；在岗位工资相同（专业技术能力相同）的情况下，绩效考核成绩越高，项目奖金越高。

（2）技术培训激励机制。企业之间的竞争归根结底是人才的竞争，培训是企业获得高质量人力资源的重要手段。供应链企业技术培训系统由五个部分组成，即：通过需求分析，确定培训内容；设置培训目标；拟订培训计划；实施培训活动；总结考核及反馈。

（3）精神激励机制。可采用榜样激励和荣誉激励等方式。企业可以将优秀的员工树立成榜样，让其他员工向他们学习。比如供应链企业可以每季度评选一次“季度优秀员工”或“工作标兵”，让其他员工向这些标兵学习，激发其他员工比、学、赶、超的动力。企业可以通过颁发内部荣誉证书，给予员工非业绩性竞争荣誉，进行奖励旅游等方式，对员工进行荣誉激励，以不断鞭策荣誉获得者，保持和发扬成绩，做出更大的贡献。

3. 采用合适的供应链企业间激励模式

供应链企业间有以下几种激励模式可供参考：

（1）价格激励。在供应链环境下，各个企业在战略上是相互合作关系，但是各个企业的利益不能被忽视。供应链各个企业间的利益分配主要体现在价格上。价格的变动可以起到正向、负向的激励作用。

（2）订单激励。一般来说，一个制造商拥有多个供应商，多个供应商竞争来自制造商的订单，多给订单对供应商而言是一种激励。

（3）商誉激励。商誉是一个企业的无形资产，对于企业极其重要。商誉来自供应链内其他企业的评价和企业在公众中的声誉，反映企业的社会地位（包括经济地位、政治地位和文化地位）。正面的商誉可以对企业起激励作用。

（4）信息激励。企业获得更多的信息意味着企业拥有更多的机会、更多的资源，从而起到激励作用。

（5）淘汰激励。淘汰激励是负激励的一种。对于优秀企业来讲，淘汰弱者可使其获得更优秀的业绩；对于业绩较差的企业来说，为避免被淘汰，他们会更要求上进。

（6）组织激励。一个良好组织的供应链对供应链内的企业是一种激励。在一个较好的供应链环境下，企业之间合作愉快，供应链的运作也通畅，少有争执。减少供应商的数量，与主要的供应商和经销商保持长期稳定的合作关系是制造商实施组织激励时采取的主要措施。

需要提醒的是，企业在每一个方面都可考虑实施物质激励和精神激励。同时，激励也存在风险。在风险防范方面，企业尤其要注意来自合作者激励方面的风险。例如对供应链中某企业实施价格激励，有可能导致该企业在产品、物料价格上不断讨价还价，从而引发企业间的矛盾，造成企业间关系恶化，甚至断裂。因此企业对合作伙伴的激励要把握好分寸，不能激励过度，也不能激励不足。

关键点提示

企业要想建立供应链激励机制，就要：

1.认识基本的激励方式；2.建立供应链企业内员工激励机制；3.采用合适的供应链企业间激励模式。

6.7 如何在供应链中提高企业响应速度

工作场景描述

当企业需建立快速响应的供应链时，可查看。

解读与分析

供应链中的企业为了降低成本，提高收益，需要对市场形势和消费者的需求做出快速响应。所谓快速响应（Quick Response，简称QR），是指从商品的原材料阶段直到零售阶段，具有交易关系的企业间作为合作伙伴建立起互相信赖和协作的关系，并进行充分的信息交流，为保障畅销商品能得到及时供应而建立一个快速生产、供给的体系。快速响应是提高供应链企业管理效率和市场反应能力的方法。它可以缩短交货周期，减少库存，提高企业的客户服务水平和竞争力。为了在供应链中提高响应速度，企业需要做到以下几点。

1. 了解快速响应产生的背景

编者对纺织与服装行业进行供应链分析后发现，尽管供应链系统的各个部分运作效率很高，但整个系统的效率都很低，供应链的长度是影响其高效运作的主要因素。

快速响应的目的是减少原材料到销售点的供应时间和整个供应链的库存，最大限度地提高供应链的运作效率，着重点是对消费者需求做出快速响应。快速响应是零售商及其供应商密切合作的策略，应用这种策略，零售商和供应商可以通过共享POS系统信息、联合预测消费者未来需求、发现新产品营销机会等来对消费者的需求做出快速响应。从业务操作的角度来讲，贸易伙伴需要用EDI来加快信息的流动，并共同重组它们的业务活动，以将订货前导时间和成本极小化。

2. 从技术与设备入手提高响应速度

为了实现快速响应，各阶段的企业有必要开发既能快速且灵活地生产，又能提高物流效率的技术和设备，而且要充分发挥这些技术、设备在缩短交货期和减少成本方面的优势，使企业之间的信息交换快速准确以及实现标准化。

3. 推进企业信息化管理，加强内部管理，提高响应速度

积极推进企业内部信息化管理，可提高企业的快速响应能力，将目前产销关系中不利于企业的因素转化为有利于企业的因素。对大多数品牌经营企业来说，与零售商基本上是联营关系，一线销售人员与业务员基本上是企业自己委派的。这虽然增加了销售费用，但便于企业控制产品，为建立产品的终端信息管理系统提供了便利。

在供应链整体上难以实现快速响应的条件下，企业更应致力于强化内部管理，注重对专业人才的培养，建立符合市场需求的产品研发企划体制，通过进行深入的市场调研，提高销售预测的准确性和产品开发的成功率，最大限度地降低滞销品的比例，从而降低库存风险。

4. 成立战略联盟，提高响应速度

快速响应离不开信息的网络化，但信息的网络化本身不是目的，而只是一种手段。

它的最终目的是通过信息网络化，帮助流通业和制造业结成战略联盟，这才是快速响应哲学的根本思想。换句话说，快速响应是通过建立能协调具有利害关系的流通业和制造业及产销间矛盾的信息网络，促使流通业和制造业结成战略联盟。它需要达成以下目标。

（1）从原材料到最终制品实现供货周期的缩短和库存减少。传统的缩短订货周期和减少库存的努力仅限于企业内部，并没有注意到从原料到最终制品这一很长的产销通路中存在的大量时间和库存浪费。快速响应作为一种经营战略，致力于缩短整个产销流程的周期和库存成本，提高产销同盟整体的核心竞争力。

（2）通过，企业可以实现原材料和制品开发的统一企划。从降低成本到企划开发，流通业和制造业通过战略联盟共同发展是快速响应战略的基本目标。

（3）快速响应战略的基础是产销同盟间密切协作，对信息和利益进行共享，其最终目的是使消费者从中获得利益。利维斯公司总裁指出："必须将处于利害冲突关系中的制造业、零售业和消费者的关系转变为信息共享的合作伙伴、同盟关系"。这种关系意味着利益共享、共同发展和持续成功。

5. 通过陈列货物，提高响应速度

商店应该将所有存货都陈列出来，而不是将其放在消费者看不见的库房里。货架设计要使消费者能轻易看到丰富的商品。对现货可获得性的标准要定得相当高，理想状态是达到95%的现有率。95%的现有率意味着"最大库存量的设计要求是至少40%的商品在货架上"。利用这个标准，传统的缺货百分比实际上为零。为支持此标准，依靠快速响应方法，提高补充供货的"合适度"。补充供应体系的目标是使每个品类都尽可能接近货架设计容量，而不产生多余的存货，以免需要额外的存储场地。后备库存由于没有陈列，所以不直接创造效益，且频繁搬运货品进出储存场所既增加费用，又极易造成货品丢失、损坏或被盗。

6. 了解快速响应的新发展

目前在欧美地区，快速响应的发展已跨入第三个阶段，即联合计划、预测与补货（简称为CPFR，即Collaborative Planning，Forecasting and Replenishment）阶段。CPFR是一种建立在贸易伙伴之间密切合作和标准业务流程基础上的经营理念。它应用了一系列

技术模型，这些模型具有如下特点。

（1）具有开放但安全的通信系统。

（2）适用于各个行业。

（3）在整个供应链上是可扩展的。

（4）支持多种需求（如新数据类型、各种数据库系统之间的连接等）。

快速响应的基本出发点是通过战略联盟共享利益。快速响应的价值体现在生产、物流和信息流三个方面，即在生产过程中降低成本，通过物流改进给消费者带来更大的利益，标准EDI和信息共享则是快速响应生产、物流的基础。

关键点提示

为了在供应链中提高响应速度，企业需要：

1.了解快速响应产生的背景；2.从技术与设备入手提高响应速度；3.推进企业信息化管理，加强内部管理，提高响应速度；4.成立战略联盟，提高响应速度；5.通过陈列货物，提高响应速度；6.了解快速响应的新发展。

6.8　如何进行跨国供应链管理

工作场景描述

当企业进军国际市场，需要进行跨国供应链管理时，可查看。

解读与分析

在经济全球化和信息化的新形势下，企业势必要进军国际市场，实施国际化经营战略。当供应链环节涉及国际市场时，供应链企业需要着重抓好以下几项工作。

1. 根据企业战略目标，制订企业信息化发展战略

企业可以借助互联网等现代信息技术，把生产和销售延伸到世界的每一个角落，使

全球经营成为可能。我国供应链企业在信息化建设中，应依据企业整体发展战略目标，制订相应的企业信息化发展战略，包括：

（1）制订信息化发展规划；

（2）选择合适的信息化建设方案；

（3）寻找合适的电子商务切入点。

2. 构建全球市场营销战略

全球市场营销战略是以协同商务、协同竞争和双赢原则为商业运作模式的。跨国公司作为全球规模庞大的营销组织，与一般的中小企业在国际营销方面有着明显的不同，而在其推行全球市场营销战略后，特征更加显著，具体表现如下。

（1）市场营销策略从以客户为中心的整合营销转变为以全球观为导向的整体营销。

（2）市场营销策略从竞争营销走向共生营销，并建立起包括竞争对手在内的战略联盟。

（3）市场营销战略从“全球扩张”转变为“全球学习”。

（4）全球市场营销策划以品牌为中心。

我国供应链企业在构建全球市场营销战略时，应根据以上几方面内容来进行。

3. 构建基于 IOS 的跨国战略联盟

现代管理中的供应链，常常是指基于移动操作系统IOS（Inter Organizational Systems）的供应链，其运行的效率极大地依赖于IOS这种信息系统的支持。IOS是基于计算机与通信技术自动处理各种业务信息的系统，它的建立意味着组织之间的合作与协调已远远超出了传统的定义。它表明，合作各方的关系并非传统的垂直集成体系中基于资产所有权的紧密耦合关系，而是基于信息集成的独立企业之间的合作。基于IOS的跨国供应链的产生，实现了分布在全球各地的多个组织之间的合作，从而为形成跨国供应链战略联盟提供了条件。

4. 关注跨国供应链的风险与冲突

无论跨国供应链是建立在IOS之上还是建立在传统技术之上，成员企业之间的合作与协调意味着它们之间存在一定程度的依赖性。跨国供应链中企业间的相互依赖性属于顺序相互依赖性，即各个企业以串联的方式工作，其中某一个企业的输出（产出）是另一个企业的输入（投入），即企业串联为一条链。例如，由分布在世界各地的原材料供应商、组件制造商、装配商、分销商、零售商等组成的一条供应链，就体现了这样一种串联式的企业合作关系。

企业之间的相互依赖（或耦合）程度决定了一个企业对另一个企业的运作可能产生的影响。耦合得越紧密，所产生的影响就越大。在跨国供应链中，各个企业之间有直接的依赖性，某一方的退出或因事故产生的问题，可能会引起整个供应链运作的中断，在极端情况下，整个供应链可能会失去其应有的功能。因此，关注跨国供应链的风险显得尤为重要。

另外，跨国供应链企业关系中的模糊性会导致企业之间存在发生冲突的风险。这种风险是由企业间关系结构定义或理解的模糊性引起的，因此，在进行跨国供应链管理时，应规范定义企业间关系，以减少风险和冲突。

5. 对跨国供应链中企业之间的依赖关系进行协调

在进行跨国供应链管理时，其中每个伙伴企业的特定作用都需要根据其竞争优势来确定，并据此分派相应的任务。在跨国供应链中进行的协调就是进行任务与资源的匹配，体现为企业之间的协议、任务和决策机制。相对于企业关系而言，跨国供应链中尤其需要定义企业所扮演的角色，企业的义务、权利、责任，过程与信息流。

对跨国供应链中企业之间依赖关系的协调，通常将计划作为交流媒介，即链中的企业之间相互交流有关的计划信息，以便进行合作。这就需要用适当的通信、信息共享机制及决策机制来保证。IOS可以支持跨国供应链中各个伙伴企业之间的合作与协调。

支撑供应链管理模式运作的不光是信息技术平台，还包括企业发展战略、市场分析方法、营销体系、人力资本、虚拟企业、敏捷制造、企业资源计划、协同产品研发、客户关系管理、物流与价值链管理及电子商务等现代企业管理理论、方法，企业形态商务模式等。

6. 进行跨国人才培养

在以知识经济为特征的新经济时代，企业与企业之间的竞争，供应链与供应链之间的竞争，乃至国家与国家之间的竞争，归根到底是人才的竞争。谁拥有理论知识和实践经验俱全的人才，谁就能拥有更多的生产、技术、产品、服务优势，占领更大的市场份额，获取更多的利润，从而能在激烈的全球化市场竞争中赢得主动权，直至取胜。

对于参与跨国经营引起的各项变动，企业应对所有可能因变动而受影响的人员进行培训，帮助他们重新找到自己正确的位置，明确自己的责任。另外，企业应针对其每一个信息化项目，事先尽可能广泛地召集相关部门负责人（他们应该在本专业内具有实力且对信息技术感兴趣，并与企业信息化项目相关）进行协商，并使今后可能会涉及信息化项目实施活动的部门人员尽可能早地加入信息化项目小组，以使企业信息化项目更高效、更好地进行。

实际上，超越边境确立跨国式的供应链系统的难度很大。要建立跨国供应链系统，企业必须建立跨国供应链信息管理系统，与供应链中的其他企业共享与交流作业计划和进度信息，同时还要提高跨国供应链的初始结构化程度。

关键点提示

企业进行跨国供应链管理时，需要做到：

1.根据企业战略目标，制订企业信息化发展战略；2.构建全球市场营销战略；3.构建基于IOS的跨国战略联盟；4.关注跨国供应链的风险与冲突；5.对跨国供应链中企业之间的依赖关系进行协调；6.进行跨国人才培养。

6.9 如何进行供应链风险管理

工作场景描述

当企业需在管理中对供应链风险进行把握、评价、防范时，可查看。

解读与分析

供应链上的各环节是环环相扣、彼此依赖、相互影响的，任何一个环节出现问题，都可能波及其他环节，影响整个供应链的正常运作。因此，供应链风险应该引起企业管理者的充分重视。企业进行供应链风险管理时，需要做到以下几点。

1. 认识供应链风险的来源

供应链风险来自多方面，简而言之，有自然灾害这种不可抗力因素，如地震、火灾、暴风、雨雪等，也有人为因素。人为因素主要涉及以下几个方面。

（1）独家供应商问题。采取独家供应商政策存在巨大风险，因为一个环节出现问题，整个链条都会崩溃。

（2）IT技术的缺陷会制约供应链作用的发挥，如网络传输速度、服务器的稳定性和运行速度、软件设计中的缺陷、病毒等。

（3）信息传递方面的问题。当供应链规模日益扩大，结构日趋复杂时，供应链上发生信息错误的机会随之增多，信息传递延迟会增加供应链的风险。

（4）企业文化方面的问题。不同的企业具有不同的企业文化，这就难免导致对相同问题持不同看法，从而使组织间存在分歧，影响供应链的稳定。

（5）经济波动的风险。经济高速增长容易导致企业原材料供应出现短缺，影响企业的正常生产；而经济萧条会使企业产品库存的成本上升。

（6）其他不可预见的因素，小的如交通事故、海关堵塞、停水停电等，大的如政治因素、战争等，这些都会影响供应链的正常运作。

2. 对供应链风险因素进行评估

评估供应链风险因素时可以综合考虑以下几个方面的内容。

（1）根据经济波动和产业政策来评估。经济波动大，产业政策转型对某些供应链的影响就大，可能导致企业出现原材料短缺或产品成本上升，甚至使某些供应链发生中断。但经济波动、产业政策一般是长期的，风险一般也较容易控制。

（2）不可预见的因素可以通过以往的数据进行预测评估。比如，在正常情况下，由于企业发生交通事故导致供应链出现问题的大致概率是一个比较稳定的数据，企业可以根据这些数据评估交通事故导致的供应链风险。

（3）评估时可以根据供应商财务状况、主营业务的变化、技术创新能力、企业在行业中的竞争力等项目进行综合考察。供应商的变化对供应链影响最大，企业尤其要对与供应材料有关的任何变化给予充分重视，建立一套完善的评估机制。

（4）对于信息风险，企业可以从供应链管理中的信息手段、信息反馈机制、信息处理能力等多方面进行评估。一般来说，如果企业上下游间的信息有先进的通信方式、及时的反馈机制、规范化的处理流程，供应链风险就小；反之就大。

3. 设计柔性的多头供应链，以防范供应风险

传统的企业供应链往往是单一的供应商机制，整个供应链缺乏柔性。为确保产品供应稳定，应将重要产品的供应商保持在两个以上，不能单单依靠某一个供应商，否则一旦该供应商出现问题，势必影响整个供应链的正常运行，使整条供应链变成一条危机链。设计柔性的多头供应链是解决供应链瓶颈，预防供应链风险的重要措施。合作过程中，企业要通过在合同设计中互相提供柔性，来部分消除外界环境不确定性的影响。多头的供应商机制不仅使供应链具有足够的柔性，而且能在供应商之间形成竞争态势，保证产品的稳定供应。同时，在对某些供应材料或产品有依赖性时，企业还要考虑地域风险。比如，战争会使某些地区原材料供应中断，此时如果没有其他地区的供应，势必造成危机。

4. 对供应商的情况加强跟踪评估，以防范供应风险

为确保产品供应稳定，除依靠多地域的多个供应商外，企业还须对每个供应商的情况进行跟踪。如果欲与供应商建立信任、合作、开放式交流的长期供应链关系，企业就必须首先分析市场竞争环境，以找到针对目标产品市场开发的供应链合作关系，这就要求企业必须知道现在的产品需求是什么、产品类型和特征是什么，以确认用户的需求，确认是否有建立供应链合作关系的必要；如果已建立供应链合作关系，则企业要根据需求的变化确认这种供应链合作关系是否有必要延续下去，同时分析现有供应商的现状，分析、总结企业中存在的问题，并对供应商的业绩、设备管理、人力资源开发、质量控制、成本控制、技术开发、用户满意度、交货协议等方面做充分的调查，它们很可能成为影响供应链安全的因素。一旦发现某个供应商出现问题，应及时通知对方进行预防和改进，必要时要对有关的供应商进行调整。

5. 建立多种信息传递渠道，以防范信息风险

厂家、消费者、供应商在供应链中起着多重作用，其互动日益加快，关系也变得越

来越复杂，这就要求给予支持的网络基础设施必须确保供应链所要求的数据的完整性、可靠性和安全性。

利用现代化的通信和信息手段管理并优化整个供应链体系，通过EDI（电子数据交换系统）对供应链企业进行互连，实现信息共享，可使企业之间实现无缝连接，分享业务计划、预测信息、POS数据、库存信息、进货情况以及有关协调货流的信息，从而使供应链上的客户、零售商、分销商、生产厂、各级原材料供应商、物流运输公司和各个相关业务合作伙伴在信息共享的基础上能够协同工作。

6. 加强对合作伙伴的激励，以防范道德风险

对供应链企业间道德风险的防范，主要是通过尽可能消除信息不对称性，消除滋养败德行为的土壤来实现的，同时，也要积极采用一定的激励手段和机制，使合作伙伴能得到比败德行为更多的利益，以此来消除合作伙伴的道德风险。

7. 企业应制订处理突发事件的应急措施

供应链是一种多环节、多通道的复杂系统，很容易发生一些突发事件。在供应链管理中，企业对突发事件要有充分的准备，尤其对于一些偶发但破坏力大的事件，企业要建立应急处理机制，预先制订应变措施，建立事件应变小组，制订应对突发事件的工作流程。

8. 对风险进行日常管理

竞争中的企业时刻面临着风险，这就要求其对风险的管理必须持之以恒，建立有效的风险防范体系。企业要建立一整套预警评价指标体系，这样一来，当其中一项及以上的指标偏离正常水平并超过某一“临界值”时，企业就会及时收到预警信号。其中“临界值”的确定是一个难点。“临界值”偏离正常值太大，会使预警系统反应迟钝；“临界值”偏离正常值太小，则会使预警系统反应过度。企业必须根据各种指标的具体分布情况，选择能使该指标错误信号比率最小的“临界值”。

经验告诉我们，建立和控制一个包含广泛供销渠道在内的供应链是不容易的，而长期地维护整个供应链的安全运行更难。企业为了保证供应链的安全运行，应针对供应链存在的各种风险及其特征，采取不同的防范对策。

关键点提示

企业进行供应链风险管理时，需要：

1.认识供应链风险的来源；2.对供应链风险因素进行评估；3.设计柔性的多头供应链，以防范供应风险；4.对供应商的情况加强跟踪评估，以防范供应风险；5.建立多种信息传递渠道，以防范信息风险；6.加强对合作伙伴的激励，以防范道德风险；7.企业应制订处理突发事件的应急措施；8.对风险进行日常管理。